# THE USES AND ABUSES OF HISTORY

# 歷史的運用與濫用

瑪格蕾特・麥克米蘭——著
鄭佩嵐——譯

MARGARET MACMILLAN

Courant 02

TONY BLAIR
GEORGE WALKER BUSH
WILLIAM JEFFERSON CLINTON
WINSTON LEONARD SPENCER-CHURCHILL
ADOLF HITLER
MAO ZEDONG
MARX
MAXIMILIEN FRANÇOIS MARIE ISIDORE DE ROBESPIERRE

# Courant 書系總序

——楊照

進入二十一世紀，「全球化」動能沖激十多年後，我們清楚感受到最快速、最複雜的變化，其實發生在觀念的交流與纏捲上。來自不同區域、不同文化傳統、不同生活樣態的各種觀念，在「全球化」的資訊環境中無遠弗屆到處流竄，而且彼此滲透、交互影響、持續融會混同。面對這些新的、雜混的觀念，每個社會原本視之為理所當然的價值原則，相對顯得如此單純無助，失去了穩固的基礎，變得搖搖欲墜。

我們不得不面對這樣的宿命難題。一方面「全球化」瓦解了每個社會原有的範圍邊界，擴大了社會的互動領域，因而若要維持社會能夠繼續有效運作，就需要尋找共同價值，讓大家能在共同價值的追求下，發揮集體力量。但另一方面，現實中與價值觀念相關的訊息，卻正在急遽碎裂化。不只是觀念本身變得多元複雜，就連傳遞觀念的管道，也變得越來越多元。一種管道聚集一種人群，也就同時形成了一道壁壘，將這群人和其他人在觀念訊息上區隔開來。

過去形塑社會共同價值觀的兩大支柱，最近幾年都明顯失能。一根支柱是教育，共同的教育內容讓大家具備同樣的知識，接受同樣的是非善惡判斷標準。然而在世界快速變化的情況下，臺灣的教育完全跟不上步伐，只維持了表面的權威，孩子還是不能不取得教育體制所頒給的學歷證書，但骨子裡落後僵化的內容則和現實脫節得越來越遠，以至於變成了純粹外在、形式化的過程，無法碰觸到受教育者內在深刻的生命態度與信念。

另一根支柱是媒體。過去有「大眾媒體」，大量比例的人口看同樣的報紙或廣播、電視內容，流行的名人、現象、事件，可以藉由「大眾媒體」的傳播進入每個家戶，也就會從中產生主流的是非善惡判斷標準。現在雖然媒體還在，「大眾」性質卻瓦解了。媒體分眾化，在接收訊息上每個人都多了很大的自由，高度選擇條件下，每個人所選的訊息和別人的交集也就越來越少。於是賴以形成社會共同價值的共同知識都不存在了。

在特別需要冷靜判斷的時代，偏偏到處充斥著更多更強烈的片面煽情刺激。以前所說的「潮流」，一波一波輪流襲來的思想與觀念力量，現在變成了湍急且朝著多個方向前進的奔流、狂流。當下迫切需要的，因而不再只是新鮮新奇的理論或立場，而是要在奔流或狂流中，尋找出一塊可以安穩站立的石頭，讓我們能夠不被眩惑、不被帶入無法自我定位的漩渦中，居高臨下看明白周遭的真切狀況。

這個書系選書的標準，就是要介紹一些在訊息碎裂化時代，仍然堅持致力於有系統地將訊息整合為知識的成果。每一本納入這個書系的書，都必然具備雙重特性：第一是提出一種新的思想見地或主張，第二是援用廣泛的訊息支撐見地或主張，有耐心地要說服讀者接受乍看或許會認為突兀、激進的看法。也就是說，書裡所提出來的意見和書中鋪陳獲致意見的過程，同等重要。因而閱讀這樣的書，付出同樣的時間，就能有雙重的收穫——既吸收了新知，又跟隨作者走了一趟扎實的論理思考旅程。

# 導讀

楊照

二〇一八年九月，台灣爆發了張天欽的「東廠事件」，行政院「促進轉型正義委員會」副主委張天欽在單位的會議上，明白表示應該運用侯友宜過去在警政職務上經手處理的政治案件，來影響新北市市長的選情，而且還大剌剌地以「東廠」自比。

這個事件不只有政治層面的爭議，還牽涉到嚴肅的歷史意識問題。表面的問題出在對於「東廠」這個歷史符號的運用。顯然張天欽對於「東廠」並沒有什麼深入的認識，要嘛不了解「東廠」高度權威迫害的政治作用，要嘛不了解「東廠」黑暗邪惡的歷史形象，更有可能是對兩者都無知，才會把「東廠」套到自己頭上。

這反映了當前台灣的荒謬狀態，一方面對中國歷史採取疏離、漠視的立場，但另一方面，卻還有很多如此輕蔑、敵視中國歷史的人，喜歡隨口運用中國歷史的典故。不了解卻又要利用，於是輕則在友朋聊天間鬧笑話，重則像張天欽這樣給自己惹來不必要的麻煩了。

不過問題還不只於此。更嚴重的、不會因為張天欽離職就消失的問題，是他所任職的機構與他所負責的工作。這個機構叫做「促進轉型正義委員會」，雖然名稱上沒有「歷史」兩個字，但實質上卻是所有政府單位中與歷史關係最密切的。「促轉會」和歷史的關係，甚至比「國史館」更密切，至少更敏感吧！

「轉型正義」說白了，就是處理威權體制瓦解、政權改變之後的歷史記憶。過去以威權之名從強權者角度所訂定的標準、所律定的政府行為是非規範，現在要重新評估，改從弱勢者——當時被欺負、被壓迫的人——的角度來重新訴說、重新記錄。還不只如此，這樣的訴說與記錄不是為了單純的訴說與記錄，更要進一步以新的訴說與記錄為基礎，安排賠償與追究懲罰。

回到「促轉會」的性質上看，關鍵中的關鍵，就在如何看待記憶與歷史。「促轉會」的正義與否，取決於如何看待歷史，也就取決於這個單位對待歷史、如何決定歷史真相的態度。

過去處理「轉型正義」最有名的例子，是南非在結束種族隔離政策之後，由屠圖主教所主持的「真相與和解委員會」。這個委員會的成功有相當大的程度在於選擇了明確的名稱。推翻了原本極度不公平的白人政權後，南非社會最需要的，不是報復，而是「和解」；但「和解」不可能靠口號或單純的善意獲致，通往「和解」最重要的途徑，甚至是唯一的途徑就是「真相」。

什麼樣的「真相」？在白人統治下不能、不方便公開揭露的「真相」，也就是絕大部分黑人如何被剝奪了各種權利，在一般日常生活中被欺負、被壓迫的事實。

所以這個委員會所做的事，主要就是蒐集聽取原本被欺負、被壓迫的人們，終於可以自由地說出他們的生命故事，並且發洩他們過去壓抑的種種情緒。

為什麼有機會將「真相」說出來，能夠讓累積那麼久、那麼嚴重不公不義的社會得到「和解」？一部分的原因就在於對「真相」的訴說不設限制。被壓迫的弱勢者得到這樣的自由，剛開始的反應常常是恐懼、猶豫的，不敢相信真的能照實全盤托出，然後得到了足夠勇氣之後，接著往往激發高度的憤怒，迸發出對原來強權壓迫者的連串激動指控。在這個階段，有故事要說的許多弱勢者根本找不到有效的表達方式，因為長期以來他們都沒有能夠練習訴說的場合。

需要耐心與自由空間，才能讓受壓迫者的故事真正說出來。慢慢地，激烈情緒在訴說中平緩下來，累積的眾多故事也讓整個社會認知到，在那樣的扭曲結構中，最核心的罪惡是集體的、制度的，而不是任何個人。並不是說個人沒有責任、沒有罪惡，而是在那樣大規模的時代悲劇之後，在權力大逆轉之後，對於這些個人最尖銳也最公平的懲罰，就是「真相」，將他們做過的事如實公諸於世，在新的正義標準之下，他們的行為必然要受到批判評斷。

讓社會能得到和解，還有一部分的原因在於當追求、揭露真相時，不預設賠償目的，並不是為了賠償而彰顯真相。賠償和真相有著內在不能並容的根本矛盾，一旦有賠償的利益考量介入，很多人就無法真切誠實地回憶記錄，很容易將受難、受迫的經驗誇大。

不可能有完美處理「轉型正義」的方法，但南非的經驗至少有著高度深思熟慮的理性考量。最關鍵的，也就是將歷史記憶與真相位階擺得比現實的報復、賠償要來得高，而且是高得多。

和南非的經驗相比，當前台灣「轉型正義」的根本問題很明顯。首先是對於歷史究竟是什麼，如何面對與處理歷史才能符合「正義」的標準，並不關注，更沒有視其為追尋與落實「轉型正義」的必要條件。於是，相應地就忽略了應該要求並檢驗「促轉會」的負責人員，必須證明他們具備合格的歷史知識與求真能力。要求他們具備運用歷史而不濫用歷史的知識與道德資格。

我們的政府沒有用這樣的態度來組織、管理「促轉會」，一部分的原因也在於台灣社會向來對於「歷史的運用與濫用」這樣的問題，缺乏嚴肅、深刻的思考。我們的教育體系中一向將歷史簡單看作就是一連串與過去有關的年代與名詞，要求學生死背，完全沒有對歷史稍微更深入的探索與認識。如此忽視歷史（也是一種對於歷史的誤用、濫用）其實一直讓台灣社會付出很高的集體代價。

Margaret MacMillan在二〇〇八年出版的這本《歷史的運用與濫用》言簡意賅、條理清晰地點出在面對現實需要時，不同社會、不同時代的人如何運用歷史，然後從這些廣泛的例子中推演出一套基本的判準。是的，要用歷史來解釋現在，要因應現在的需要去處理歷史的事件，當然不是想怎麼做就怎麼做，更不可以是誰握有權力就由誰來決定怎麼做。回到歷史知識的本質上，尊重歷史作為人類文明中極為重要、極為高貴的成分，我們可以、也必須找出那條線，在線的一邊，是歷史的正常、合理運用，而在線的那一邊，則是不能被接受、不該被容忍的對於歷史的濫用。

表面上來看，本書晚了十年才有中譯本，然而若是考慮台灣當下種種政治與社會騷動的話，那麼或許這個時間點反而比十年前更適合我們閱讀，並接受書中提出的種種思考刺激與挑戰。到底該如何面對台灣複雜且令人情緒激動的過往，且讓我們聽聽這位歷史學家冷靜且具穿透力的意見。

推薦文

# 不合時宜的提問，我們需要什麼樣的歷史感？

陳建守（說書 Speaking of Books 創辦人）

相較於過去十到二十年，我們身處的時代變動得太快，萬事萬物猶如失去了預測的可能性。過去的經驗似乎無法給予現在的我們任何指引，「以史為鑑」這句話也失去了箴言的力量。那麼，我們這個時代還需要歷史嗎？或者說歷史可以在我們的日常生活中扮演什麼樣的角色？瑪格蕾特．麥克米蘭（Margaret MacMillan）的大作要告訴我們的就是，歷史在當下逐漸成為一種娛樂的形式而非啟蒙的工具時，我們應當如何看待「歷史的運用與濫用」。

我第一次聽聞「歷史的運用與濫用」這項詞條約莫是在十幾年前的夏天，那時候尼采的一篇長文被翻譯成漢語出版，書名就訂為《歷史的用途與濫用》。我趁著假期的空檔匆匆讀過一遍這部輕薄短小的冊子，對於尼采文中所展現的寫作語言感到既親近又迷惑，親近的是尼采娓娓道來的詩性風格，迷惑的則是尼采機鋒盡出的哲思論辯。正因為尼采的這本小書，我對於「歷史的運用與濫用」留下一些印象。就我所知，除了尼采和本書之外，法國年鑑學派健將之一的馬克·費侯（Marc Ferro）在一九八〇年代亦有同名的著作出版。

尼采是在一八七四年以德文*Vom Nutzen und Nachteil der Historie für das Leben*寫就此文，以英文直譯就是"On the Advantage and Disadvantage of History for Life"（論歷史對於人生之利弊）。尼采寫作此文時年方二十九歲，年屆而立的他執掌瑞士巴塞爾大學古典語言學教席已然五年，是該職位有史以來最年輕的教授，同時也見證了俾斯麥率領的普魯士大軍如何兵臨巴黎城下的政治力量。尼采此文針對的是新生的德意志民族國家內部歷史和政治文化的危機，以及十九世紀過度強調歷史作為理性的表徵，以至於對人生行動的精神和真實文明的戕害。尼采反思的是人類與歷史知識之間的關係和「歷史感」（historicity）對人類的影響，而「歷史感」的有無正是人類與動物的區別。尼采認為我們仍然需要歷史，但歷史需要跳脫純粹的智識研究範疇，成為服務於人生或生活的工具。尼采將人類區分為：「無歷史者」、「歷史者」和「超歷史者」。其中，「歷史者」是指大多數對過去保有記憶而具歷史感的人們，由於回顧過去而使他們不得不寄情於「未來」（關於尼采此文精要的分析，可見孫雲平，〈歷史與人生——尼采於《不合時宜之觀察》對歷史方法論與目的論之批判〉，《國立臺灣大學哲學論評》，第四十五期（2013.3），頁一—三八）。簡而言之，所謂的「歷史感」是關於人們和事件的歷史真實，關注的是過去知識的真正價值。用弗朗索瓦·阿爾托格（François Hartog）的話來說，「歷史政體」（regimes of historicity）是過去、現在和未來之間的關係在歷史上的決定性時刻，彼此交會的方式。呈現在讀者眼前的這本《歷史的運用與濫用》關注的同樣是「歷史感」的課題，麥克米蘭從時間順序和地理區域切入，帶領讀者感受歷史影響我們生活的諸般方式，透過了解與參與歷史，我們終將更加了解自己與身處的世界。

麥克米蘭以國際關係史的研究蜚聲學林，她的曾外祖父是帶領英國打贏第一次世界大戰的英國首相勞合·喬治（David Lloyd George），同時也是巴黎和會的主導者之一。麥克米蘭的研究多集中在一戰前後的人事，由此可看出家學淵源的影響。她的這本《歷史的運用與濫用》所挑選的人物，從羅伯斯比爾、希特勒、邱吉爾到柯林頓和小布希，皆是引領一時風騷的政治外交鉅子，應當是其浸潤在政治外交領域筆耕多年的心得集成，也正是本書所展現的國際視野。

《歷史的運用與濫用》全書共計八章，麥克米蘭從歷史和集體記憶、個人認同、國族主義、記憶與遺忘、專業史家的職責以及歷史如何給予當下和未來的指引等面向切入，剖析人們如何利用歷史來認識過去、理解現在和想像未來。麥克米蘭告訴讀者，我們的歷史和民族認同經常根植於神話而非現實。舉例來說，在美國的南北戰爭之後，南方使用的歷史教科書對於蓄奴的殘酷現實，有過很長一段時間的刻意遺忘。即便是號稱改革進行式中的中國，對於毛澤東和中國共產黨的批判也是為政府所無法容忍之事。這讓我們很清楚地看到，當政府伸出看不見的手掌握歷史詮釋的權力之時，歷史終將面對被扭曲的危機。麥克米蘭在書中所舉的例證多集中在歷史如何被「濫用」，而非歷史如何被合法地使用這個面向。這與麥克米蘭在書前自述的看法適好成為對比，麥克米蘭是土生土長的加拿大人，加拿大是世界史上少數年輕且自由的國度，這讓她傾向用樂觀的角度看待事物，認為事情總會往好的方向邁進。然而，麥克米蘭在《歷史的運用與濫用》中所展現出來的「歷史感」卻是相對負面的。麥克米蘭對歷史的「濫用」所提出的解決之道是反求諸己的辦法，亦即專業史家該如何在「歷史工業」（history industry）中占有一席之地。

麥克米蘭在本書的第三章「誰擁有歷史？」中對於專業史家的角色提出了針砭的看

法。麥克米蘭認為專業史家掌握了歷史發展的細節，而這些細節正是業餘史家所無法企及之處。對於麥克米蘭來說，每一位對於歷史感到興趣的人都應該知道，歷史是一門追求真相的學問。闡述不佳的歷史對於真相的追尋有所缺失，這些缺失讓歷史只成為一部好聽的故事，但卻遺漏了歷史本身複雜的面貌。一部缺乏細節的道德寓言充其量只能算是「撫慰人心的歷史」（nursery history）。專業史家對於史實細節的描摹能力，是政治家無法利用的。如果專業史家放棄了自己的領域，就會導致政治領袖或是決策者濫用歷史，進而支持一些虛假的宣稱和錯誤的決策。專業史家應當盡力描繪出歷史的豐富性和複雜性，指出過去的多樣性和挑戰當下的迷思與信念，藉以提升公眾對於歷史的興趣。然而，我也不禁要問，歷史所具備的複雜面向本是我們所習知之事，沒有人會否認歷史的多樣性。但要如何以一個簡單化的故事將這些方方面面講述得宜，或許才是專業史家需要究心之處。特別是在凡事講究簡明快速的本世紀，就以政治或經濟領域為例，人們在乎的可能不再是細節的展現，而是需要一個精簡的解答。我們對於歷史的興趣是來自於當下所關心的話題，因而希望在過去的歷史中尋求經驗，提出不同的問題。就如同馬克思所云：「人們創造自己的歷史，但他們並不是隨心所欲的，也不是在自己選定的環境下創造，而是在被給予的現存環境中，在過去傳承下來的環境中創造歷史。」對於過去的濫用就在於人們按照現在的情境找尋歷史的有用之處，並以此為自身的正當性喉舌辯護。不似尼采對於歷史的批評在於十九世紀的人們是在過去的全盤有用性中埋葬自身，麥克米蘭認為我們濫用歷史的方式在於我們創造關於過去的謊言，以及我們創造僅僅展現單一視角的歷史。

《歷史的運用與濫用》是麥田出版社新近規劃的「Courant」書系的第二本。「Courant」一詞作為形容詞有「當前的、日常的、現時的、流動的」之意，作為名詞則有「潮流、趨勢、思潮」之意。對照《歷史的運用與濫用》一書，「Courant」的歧義性真是勝意迭出。就猶如書系的題詞所言：「一本書，一種思惟，一片視野，思潮湧入，讀者登場。」我由衷盼望喜歡歷史的讀者們，都能從麥克米蘭所營造的歷史池塘中，尋求出隱藏在現實的表面下，默默影響我們現今各種生活方式的過去遺跡。

我們身處在一塊認同駁雜的島嶼，過去一切理所當然的事物，都有可能瞬間瓦解，因為所有的認同都已經被化為符號。尼采的〈論歷史對於人生之利弊〉一文爾後是收入其論文集《不合時宜的冥想》（*Untimely Meditation*）之中，對於尼采身後一百多年的我們，提出我們需要什麼樣的歷史感這類問題，希望仍不是一個不合時宜的提問。

# 目錄

# 導論

人類時時刻刻都在創造歷史，即使我們自己本身並沒有察覺（就像那個發現他自己正在寫散文的人一樣）。我們想讓自己的生活變得有意義，也常會思考自己在社會中到底處於什麼樣的地位，以及我們是如何來到目前現況的。所以我們會為自己說些故事（即使它們不一定都是真的），還會問很多關於自己的問題。而這樣的故事和問題，難免會帶我們往回探究過去。我是如何成長而變成現在這樣的？我的父母是誰？祖父母呢？身為一個人，我們大家都是（至少一部分是）過去歷史的產物。這些歷史包括我們所處的地理位置、時間、社會地位和我們的家庭背景。我自己是個加拿大人，生長於加拿大，所以我所經歷的生活背景是非常平安、穩定和繁榮的，這一點在世界歷史上並不多見。這樣的背景一定會影響我看世界的觀點，或許會讓我傾向於用較樂觀的角度看待事情，認為事情總是會變得更好，如果我出生在阿富汗或索馬利亞，情況可能就不同了。此外，我也繼承了父母以及祖父母的歷史。在成長過程中，我得知了一些關於第二次世界大戰的知識（當然是不完整且片段的），因為我父親曾參與其中。而我也對第一次世界大戰的歷史略知一二，因為我的祖父和外公都曾參與其中。

我們會用歷史來了解自己，同樣地，我們也該如此去了解別人。假設我們知道某位熟人曾經歷某些創傷，那麼這樣的歷史就會讓我們知道如何去避免引起他的傷痛回憶。（反之，如果我們得知他們曾發生過很幸運的事，那麼相處的方式又會不同了！）我們不該認為每個人都是相同的，這一點不論在商業界、政治界還是私人關係中，都是不變的真理。如果我們加拿大人不知道過去一七五九年時英國曾占領過魁北克地區，並且此事使他們覺得說法語的人士淪為二等公民地位，我們就無法了解魁北克人民為什麼至今仍常常抱持激烈的法國國族主義情結，也不會了解許多蘇格蘭人為什麼對英格蘭仍抱著不滿與自豪交雜的心情（自豪是因為大多數英國的石油產出都來自蘇格蘭）。如果我們不了解美國內戰和戰後重建的過程為南方人帶來的巨大損失，我們就很難明白他們為什麼至今仍然對北方人懷著怨恨。若不知道黑人被奴隸與歧視的歷史，以及解放奴隸宣言之後仍持續承受的暴力對待，我們就無法了解美國各種族間複雜的關係與問題。在國際局勢中，若不清楚巴勒斯坦與以色列過去的衝突，又如何能了解他們為什麼對彼此懷抱這麼深的敵意呢？

亨利·福特（Henry Ford）曾說：「歷史都是空口說白話。」（History is bunk.）有時候對我們來說（或許對住在北美洲的人而言更是如此），真的很難把歷史當作一門活潑的科目。然而，若我們加入一些情緒去看待它時，歷史就不再只是一堆待人檢視的沉寂資料。歷史可以很有幫助，但也能夠非常危險。我們不該將歷史視為一堆躺在地上的枯葉，或是一些塵封已久的古董收藏，較明智的看法是，應將歷史視為一個池子，偶爾平靜仁慈，但其實經常瀰漫硫磺煙霧。它隱藏在現實的表面之下，默默影響著我們現今的各種習俗制度、思考方式以及我們的喜好。我們經常向它尋求確認，也會請它給予指導和建議，即使是在北美洲也一樣。當人們在為各樣的事件尋求正當理由或辯護時，無論是為了團體身分認同、為了某些需求或是為了尋求正義，幾乎都是往過去的歷史去尋求。當自己隸屬於一個團體時，你會覺得生命比較有意義。而這個團體早於你之前就存在，而且將會比你更長久地存留下去（它或許還會帶著你的一部分特質繼續往前進）。然而，有時候我們會濫用歷史，假造出錯誤的歷史，以便讓自己能合理地錯待他人，例如侵占他們的土地，或甚至殺了他們。歷史也可提供許多教訓和建議，但人們也很容易只從中挑選自己想要的。你幾乎可以利用過去的歷史，在當前的環境中做出各樣的事情。當我們杜撰出一些關於過去的謊言，或是只從某個偏頗的觀點來寫歷史時，就是在誤用歷史。這麼說來，我們確實能向歷史學習教訓，也可能濫用它。但這不表示我們該放棄向歷史尋求知識、支持或幫助。只是我們應當非常小心謹慎為之。

# 第一章
# 歷史的狂熱

近來，歷史（且不僅限於專業歷史學家專研的那種）非常熱門，甚至在北美洲也一樣，然而其實過去北美洲人比較在乎的是未來而非過往。其部分原因可能是市場力量（market force）的緣故。因為比起過去，現在人們都接受了較良好的教育，此外也有比較多閒暇時間，並且較早退休。特別是在一些發展較為成熟的國家更是如此。退休後並非每個人都想住在大宅院裡，踩著腳踏車養老。而歷史能讓我們所居住的世界變得有意義，甚至更加迷人有趣。想想，再好的小說家或劇作家也沒辦法創造出像奧古斯都（Augustus Caesar）或凱薩琳大帝（Catherine the Great），伽利略（Galileo）或南丁格爾（Florence Nightingale）這樣的人物。而又有哪位編劇能寫出比現實世界更精彩的動作片和人性故事呢？但這些故事正是幾千年來在歷史中不斷上演的。既然人們總是渴望知識，也喜歡享受娛樂，那麼市場也樂意熱情地回報這種渴望。

博物館或藝廊總喜歡舉辦一些知名歷史人物（例如彼得大帝，Peter the Great）或某特定歷史年代的相關展覽。在世界各地，每年都有新的博物館開幕，以便紀念過去某些特別的時刻，且通常是一些灰暗殘忍的過去。中國有博物館專門展示第二次世界大戰時日本的暴行。華盛頓、耶路撒冷和蒙特婁都有博物館紀念猶太人在二戰時遭到大屠殺的事件。

電視上有專門播放歷史節目的頻道（通常喜歡播放過去戰爭事件的歷史或介紹將軍的傳記）。世界各地的歷史景點總有絡繹不絕的遊客，而歷史類電影也通常都賣座，想想最近光是與伊莉莎白一世相關的電影就有幾部？再看看最近不停推出的通俗流行歷史劇，就知道出版商們真的很了解如何為自己創造更好的利潤。肯・伯恩（Ken Burn）製作的那些從美國內戰系列到第二次世界大戰等紀錄片，都不停在電視上重複播放。在加拿大，馬克・史塔拉維奇（Mark Starowicz）製作的《人民的歷史》（*People's History*）吸引了數百萬的觀眾。而由私人基金會「史實」（Historical）所製作的《歷史時刻》（*Historica Minutes*）如此受到加拿大青少年的歡迎，以致他們在做學校報告時，甚至會仿效做出自己的作品。在英國，大衛・斯塔基（David Starkey）寫了一系列關於英國君王的書籍，不但讓他賺進大把銀子，還讓自己變得跟那些國王女皇一樣知名。

現在，許多政府都有特別的部門專門紀念過去的事蹟，通常優雅地稱之為「文化遺產」（heritage）。在加拿大，有一個加拿大文化遺產部（Department of Canadian Heritage）敦促他們國民多多了解自己國家的歷史、文化和土地：「文化遺產是我們共同的寶藏，先人將之給予了我們，而我們也必須繼續流傳下去。」文化遺產這個詞彙幾乎可包含所有事物：語言、民族舞蹈、食譜、古董、繪畫、風俗和建築物。有些國家特別喜愛古董車和古董槍，甚至是棒球卡或火柴盒。在英格蘭，一位年輕建築師甚至建立了煙囪管帽保存與保護協會（Chimney Pot Preservation and Protection Society）來保護這些「時代的哨兵」（Sentinels of Time），而此詞是該協會自行創造的。

在法國，他們的文化部（Ministry of Culture）已經活躍了數十年，他們後來宣布一九八〇年是文化遺產年。人們將自己打扮成歷史人物並演出歷史中有名的時刻。在接下來的幾年內，官方羅列出來的歷史景點和古蹟的數目增加了兩倍。此外還出現了許多新的博物館，有些甚至是特地用來紀念木鞋或栗子林等。在一九八九年，法國政府專門設立了一個特別委員會來統籌法國大革命的兩百年紀念活動。

法國向來都有許多活動用以紀念過去的歷史事件，無論是重現當時事件的表演、活動或是各種特別的紀念日。而紀念日包含著無限的可能：無論是戰爭的開始或結束、名人的出生和死亡、書本的第一次出版、歌劇的第一次上演、某次罷工或示威遊行、某場審判或某次革命，甚至自然天災都可以紀念。這些活動並非全由政府舉辦，許多都是由地方人士自願發起的。馬恩河畔沙隆（Châlons-sur-Marne）認可了罐頭食品產業的創始百年紀念。

然而不是只有法國人喜歡回顧過去，加拿大安大略省的珀斯（Perth）在一九九三年舉辦了為期一週的慶典，以便紀念他們曾在一八九三年將一塊巨大的起士送去芝加哥世界博覽會參展的事蹟。一些有野心抱負的政府和企業也開始發現，歷史能夠振興他們的觀光產業。

國家政府傾向於認為，若能好好處理過去的歷史，對現在是很有幫助的。在美國，〈國家歷史保存法〉（National Historical Preservation Act）認為公民們若能對歷史有良好的了解，有助於使他們成為好公民。該法案提到，歷史遺產必須被好好保存，「以便為美國人提供良好的定位與方向」。美國總統小布希（George W. Bush）在二〇〇三年發表了一條行政命令名為〈保護美國〉（Preserve America），其內容也回應這樣的理念：「聯邦政府應好好確認及管理其所擁有之歷史財產，將之視為有益於政府各部門完成職責的資產，並且能促進國家社會活力與經濟發展，且對於美國未來發展與潛力發揮有幫助。」

然而，人們對歷史的熱情顯然不只是市場供需或政府政策的緣故。歷史能滿足許多需求，除了能讓我們對自己和世界更了解以外，還能給予一些指導。對許多人來說，會對歷史產生興趣，通常都是從對自己的興趣開始的。這是生物學中常見的現象。和其他生物一樣，人類有開始和結束，而這中間的過程就是屬於他們的故事。另一方面，這可能也和大多數人現今都處於一個變遷非常快速的世界有關。以前那些理所當然會永遠存在的關係，現在都不一定如此了，無論是地緣關係或人際關係（如家人和朋友）都一樣。現在對保存歷史遺產如此狂熱的部分原因，或許是因為害怕我們失去一些非常珍貴或無可取代的歷史片段，無論是消失中的語言或是建築。有時候，這些熱衷於保存歷史文物的人，幾乎是希望時間能夠停止。以紐約最近的一個例子來說，紐約下東城的廉價公寓是否該改建成更舒適宜人的房子呢？還是應該被保留下來？就像一位廉價公寓博物館的發言人說：「這些老舊房子可以提醒我們過去曾有的生活。」

現在世界上有一千九百萬人登入了尋友網站「朋友重聚」（Friends Reunited），在這裡可以幫你找到失聯已久的朋友，甚至是小時候的同學。如果有人想回溯到更早以前的過去的話（事實上很多人都想），那麼可以去調查一下自己家族的宗譜。倫敦紋章院（the College of Arms）的一位發言人說，這心情是可理解的，「在一個凡事用過即丟的社會裡，很多事情都是短暫的」。大部分的國家資料庫都有專門的檔案區，可供人們搜尋自己家族過去的歷史。因為摩門教徒有蒐集教區名冊、宗譜和出生紀錄的習慣，所以鹽湖城有保存很完善的資料庫。而網路普及又讓資料取得變得更簡單，有許多網站可以讓你搜尋自己的祖先，有些網站甚至專門研究某個家族的資料。在加拿大和英國，有一個很受歡迎的電視節目叫做《你認為自己是誰？》（*Who Do You Think You Are?*）這節目滿足我們對名人的幻想和對追根溯源的渴望，而當他們回去追查名人的祖先時，通常會獲得很驚人的結果。

最近因為科學的進步，讓人們不需紙本資料就能追查過去。DNA的解碼科技讓科學家現在可以追溯一個人的母系祖先，也可用相同的基因科技找到其他祖先。隨著資料庫不停地累積，越來越能清楚看出過去人們是如何遷移的。對於想要追溯過去，但卻找不到紙本紀錄的人而言，這些是非常重要的資料。對那些根本一開始就找不到紙本資料的人更是如此。當初為了逃離歐洲動盪不安的生活，而在十九或二十世紀跟隨移民潮來到新世界的人們，常與過去斷了所有聯繫，有時候甚至連舊名字都捨棄了。對美國奴隸的後代而言，要回去追溯他們祖先在非洲時的歷史幾乎是不可能的，而來到美國後發生的事也不易追查。此時，DNA就是可以為他們打開認識自己大門的鑰匙。在二〇〇六年PBS有個很感人的節目叫做《非裔美國人的生活》（*African American Lives*）。他們會去分析知名美國黑人的DNA，例如歐普拉．溫芙蕾（Oprah Winfrey）或是昆西．瓊斯（Quincy Jones）等。雖然有時候結果是令人失望的：畢竟那些曾祖父母是國王的後代等事蹟通常只出現在傳說裡。偶爾才會出現驚喜，例如某位不知名的佛羅里達會計學教授被發現是成吉思汗的後裔。不知道這位教授會不會想把自己的專業技能，歸功於這位令人敬畏的先祖的遺傳。

當前這股探究個人歷史的熱潮，或許可說有點自戀傾向。到底人類該花多少時間關注於自己的事呢？但一方面，這也是因為人們通常有股渴望，想知道為什麼自己會是現在這個樣子，和為什麼所處的世界會是現在這個模樣。如果人類能夠往後退一步，並用更宏觀的角度來看過去歷史的話，他們將會發現，自己不只受到特定人物的影響，同時也受整個社會和文化影響。某些特殊種族的成員可能會發現自己用特殊眼光看待其他種族，同時也發現別人對他們有特定看法。歷史形塑了人們的價值觀、他們的恐懼與渴望，以及他們的愛恨情仇。當我們了解這件事，我們就開始發現歷史的重要性。

即使人們認為自己即將走向新的一頁，但事實上他們行動的模式通常受到過去所影響。我們曾看過多少革命家信誓旦旦將會建立新的世界，但後來卻不知不覺走回了他們當初亟欲推翻的舊習和方法？法國大革命之後，拿破崙取得政權，但他建立的宮廷卻是仿效波旁王朝。蘇維埃共產主義（Soviet Communists）的高層分子仍住在克里姆林宮內，就如同以前的沙皇一樣。史達林將恐怖伊凡（Ivan the Terrible）和彼得大帝當成自己仰慕的前輩，據我猜測，弗拉基米爾．普丁（Vladimir Putin）當總統時也是如此。中國共產黨雖然藐視中國過去的傳統，但他們的高層領導人卻也選擇住在北京的中心，就是過去皇帝朝廷的所在地。毛澤東後來也過著神祕的隱居生活，就像過去幾百年來的那些君王一樣。

「人們創造自己的歷史，」卡爾．馬克思曾說，「但他們並不是隨心所欲的，也不是在自己選定的環境下創造，而是在被給予的現存環境中，在過去傳承下來的環境中創造歷史。」

然而，在冷戰期間，歷史似乎失去了它過往的影響力。一九四五年之後的世界被分成兩派不同的聯盟，他們持有彼此對立的思想體系，且各自認為自己才是代表人類未來的那方。根據雙方的說法，美國的自由資本主義和蘇維埃的共產主義兩方都認為他們能夠建立新的社會，甚至創造出新的人類。以前存在於塞爾維亞和克羅埃西亞之間的衝突、或是德法之間、或是基督教與回教之間的衝突，似乎都變得不算什麼，以里昂．托洛斯基（Leon Trotsky）的名言來說就是，「那些都只是過往歷史的塵埃」。當然，那時爆發大規模核武戰爭的威脅一直都存在。在一九六二年的古巴飛彈危機（Cuban Missile Crisis）期間，有時看似地球的末日就要來了。不過後來卻沒事，而且大多數人似乎也遺忘了這個危機。後來甚至有人用正面的觀點來看待核子武器：畢竟，若強權國家發動核武攻擊，他們自己也可能會遭受極大的損害。那時人們以為美國和蘇聯會永遠被困在介於戰爭與和平的兩難處境中。與此同時，那些已開發國家則享受著空前未有的發達與繁榮，也有許多新的經濟發達國家興起，大多位於亞洲。

我的學生常說，我選擇教歷史這門科目是很幸運的。他們認為，一旦你搞懂了某段歷史，或是某次戰役事件，那就無需再去反覆思考它了。他們說，不用重新反覆備課一定很棒吧。畢竟，歷史就是過去的事，不可能會再改變了。他們似乎認為，歷史和從地裡挖出一塊石頭沒什麼兩樣。這件事做起來或許很有趣，但卻沒有其必要性。過去曾發生什麼事有什麼關係呢？畢竟我們是活在現在。

在一九八九年，當冷戰隨著歐洲的蘇聯解體而瞬間結束時，全世界享受了一段短暫的樂觀主義。當時人們忽略了一件事，那就是一九四五年之後的局勢，早已被更複雜的國際情勢所取代。大多數人認為當時得勝的美國，勢必會成為一個仁厚的強權國家。而其他社會國家也一定能享受到這「和平帶來的好處」，因為從此以後將無需再花費大筆金錢購買軍事武器。自由的民主主義已經得勝了，而馬克思主義已經滅亡。就如法蘭西斯・福山（Francis Fukuyama）所說，歷史已經終結了，而世界將會進入一個安定、繁榮與和平的千禧年。

事實上，許多舊的衝突和緊張仍然持續著，只是它們埋藏在冷戰的底層。漫長的冷戰結束後，表面的雪也融了，沉睡與壓抑許久的仇恨又開始浮現到表面。薩達姆・海珊（Saddam Hussein）率領伊拉克進攻科威特，是基於一個模稜兩可的歷史理由。我們發現，了解塞爾維亞與克羅埃西亞之間過去的歷史恩怨情仇是很重要的。而前蘇聯有一些民族則為自己的過往歷史感到自豪，並且想要獨立。我們應該要去了解塞爾維亞和克羅埃西亞本身是怎麼樣的民族，以及亞美尼亞（Armenia）和喬治亞（Georgia）到底在地圖上的哪裡。在米夏・葛列尼（Misha Glenny）某本關於中歐的書本標題上，甚至出現了「歷史的再生」（rebirth of history）這字眼。當然，也常常有人強調歷史過了頭，舉個誇張的例子：例如將巴爾幹半島在一九九〇年代時發生的那段戰亂紛爭，歸咎於「長久以來的歷史仇恨」，卻忽略了當時的塞爾維亞總統斯洛博丹・米洛塞維奇（Slobodan Milošević）本身及其家族的邪惡。當時他們極盡全力想摧毀南斯拉夫，並分裂波士尼亞（Bosnia）。這樣的態度讓外人只能搓著手乾著急，卻難以介入做些什麼。

過去二十年來，世界局勢頗為混亂與不安。不意外地，許多人開始轉向歷史，試圖從中尋求解答。當南斯拉夫解體後，關於巴爾幹半島的歷史書籍開始暢銷。今天，許多出版社忙著找人撰寫關於伊拉克的歷史書籍，或是重新發行過去的舊作。T．E．勞倫斯（T. E. Lawrence）的《智慧七柱》（*Seven Pillars of Wisdom*）描述阿拉伯想要獨立而與土耳其激起的衝突。這本書現在又大賣，特別受到曾在伊拉克戰爭服役的美國士兵歡迎。我自己曾寫了一本關於一九一九年巴黎和會的書，卻在一九八〇年代找不到出版社願意出版，事實上，現代世界的很多基礎都是在那時候奠定的。有一間出版社甚至說，沒有人會想看白人坐在那裡討論一些和平協議。到了一九九〇年代，這個主題才開始受到較多關注。

今天的世界局勢已經和冷戰時的僵局有很大不同。現在看起來比較像一九一四年之前的狀態，就是第一次世界大戰爆發前，或一九二〇年代。在那些時期，大英帝國開始崛起，而其他勢力，如德國、日本、美國等，也試圖挑戰英國霸權。整個國際情勢變得很不穩定。今天美國仍然稱霸全球，但已沒像以前那麼強盛。因為參與伊拉克的事件，已損害其國力，而且還面臨一些從亞洲興起的國家如中國、印度，以及舊敵俄國的挑戰。經濟的問題會帶來國家的壓力，因此必須保護經濟和設置貿易壁壘，這是以前就有的。各種思想體系（以前是法西斯主義和共產主義，現在則是宗教的基要主義）會挑戰自由的國際主義，或向攔阻他們的國家勢力宣戰。而世界上現在仍存在許多不合理的種族國族主義，就和二十世紀前半一樣。

# 第二章
# 歷史提供安慰

面對未來的不確定是不容易的，也難怪人們總想抓住些什麼來幫助自己，包括歷史。關於歷史的運用與濫用，我稍後會提到，但現在我想探討為什麼歷史會突然變得這麼安慰與吸引人。

首先，當現況顯得很動盪與混亂時，歷史能提供一種單純性。

多年來，歷史學家都試圖歸納出一些大方向，或說某個模式，並希望它能解釋所有的事情。對某些宗教而言，歷史能為他們神聖的目的提供證據。對德國哲學家黑格爾而言，歷史證明了世界上有「無限精神」（infinite spirit，*Geist*）的存在。而馬克思又以黑格爾的看法為基礎，建構起他的「科學」歷史，並意圖指出歷史勢必會走向完全的共產主義。而對十八世紀德國極有影響力的思想家約翰．哥特弗雷德．赫德（Johann Gottfried Herder）而言，歷史已顯示德國是一個存在了好幾世紀的完整組織國家，只是政治方面尚未發揮全部的潛力。對帝國主義者查爾斯．迪爾克爵士（Sir Charles Dilke）而言，過去的歷史證實了英國人的優越性。阿諾德．湯恩比（Arnold Toynbee）則看到一種挑戰與回應的模式，當文明成長起來就會克服困難，但當他們軟弱懶散時就會頹敗，但他的作品現在不太受重視。中國和大多數的西方思想不同，他們根本不會將歷史視為線性的過程。他們的學者認為歷史就是王朝替換的循環過程，不同的王朝興起又結束，是個永不停止的進程。這不斷出生、成熟又衰亡的過程，都是上天安排的旨意。

歷史也可成為逃避現實的一個出口，這點或許至今仍未改變。當現實的世界如此複雜又變遷快速時（而且不一定更好），人們會想回顧和沉浸在他們誤以為比較單純的過去。保守主義者會幻想一幅溫馨小鎮的畫面，就如諾曼・洛克威爾（Norman Rockwell）的畫作般，小孩們總是無憂無慮的在花園中玩耍，沒有成人掠奪者來打擾他們，而男人和女人也都很滿意自己所扮演的角色，每天都是陽光普照的美好日子。在加拿大，有一位名字很夢幻的藝術家名叫特麗莎・羅曼史（Trisha Romance），她售出了上千幅的畫作，上面畫的都是穿著圍兜和水手服的小孩。畫中所呈現的感覺或許是維多利亞時期：在那裡，馬兒拉著馬車和雪橇，燭光在聖誕樹上搖曳，而家人則圍繞在爐火旁。在她的經歷中，沒有人是悲傷、飢餓或衣衫襤褸的。左派分子老愛提起過去的光榮時代，就是那段工會運動強盛，領袖大老仍然掌權的時候。現在有許多人仍迷戀於第二次世界大戰時期，他們認為這是最後一場道德上清楚明白的美好戰役，而且當然是站在同盟國那方。德國納粹、義大利法西斯黨和日本軍國主義者顯然是一群壞人，必須要打敗他們。但我們自己也和二十世紀暴君約瑟夫·史達林聯盟一事，卻被忽略了。這之後的戰爭，其立場就變得沒有如此鮮明。為了阻止蘇聯的擴張主義，韓戰的確有其必要，但是麥克阿瑟將軍試圖將此戰役轉為對抗中國共產主義的聖戰，使美國內部產生分裂，也使美國與同盟國之間出現對立。越南成為了美國的夢魘，而現在占領伊拉克的舉動似乎也是。

今日，我們也缺少一些偉大的英雄人物，這或許是因為我們現在過於在意領袖們的缺點。這或許可以解釋為什麼在北美地區的人們對邱吉爾的崇拜更甚於英國人。畢竟除了看到他在第二次世界大戰的偉大領導之外，英國人早在其他方面也了解並經歷了邱吉爾這位領袖的做事風格。他們更記得的是邱吉爾漫長政治生涯中參雜的一些失敗與錯誤。在北美洲地區人們的心中，邱吉爾給人的主要印象就是他英勇隻身對抗軸心國，並機智地幫助同盟國獲取了勝利，而非他是第一次世界大戰中死傷慘重的加里波利登陸戰（Gallipoli landings）的主導者，也非那位明明已年邁體衰卻還堅持要在一九五〇年代擔任首相要職的人。顯然地，小布希總統比較喜歡將自己比喻為前者印象中的邱吉爾，而非後者。

政治領袖向來知道將自己與過去偉人相提並論的意義與好處。這可給予他們名望以及成為國家傳統接班人的正統性。藉著將自身與恐怖伊凡和彼得大帝相提並論，史達林認為自己繼承他們的衣缽，而且要繼續建立偉大的蘇聯帝國。另一方面，海珊則將自己比喻為史達林，或承繼回教與伊拉克的脈絡，將自己比擬為薩拉丁（Saladin）。最後一位伊朗國王則認為自己的王朝傳承居魯士大帝（Cyrus）和波斯王大流士（Darius）。毛澤東喜歡指出自己和西元前二百二十一年首次統一中國的秦朝的相似之處。

我們現在對英雄人物的渴求，不只是因為政治因素。例如，我們亟欲在參與過戰爭的退伍軍人去世之前，取得他們的故事，因為我們覺得可以從他們身上學到東西。而我們也很在意要如何紀念他們。有鑑於那些曾參與第一次世界大戰的退伍軍人都漸漸去世了，一些國家開始考慮為最後一位退伍軍人舉辦國葬，而這通常只為國家元首或重要人士（如邱吉爾）舉辦。但相關討論後來變得有點麻煩，例如要如何決定誰是最後一位退伍軍人？如果戰後搬到國外居住的退伍軍人是否又算在內呢？如果國家為某位退伍軍人舉辦了葬禮之後，又出現了另外一位的話該怎麼辦？在二〇〇六年，法國就出現了兩位以上的一次大戰退伍軍人。

不過退伍軍人本身和他們的家人似乎對此禮遇沒有顯示太多熱情。當時的法國總統賈克・席哈克（Jacques Chirac）在二〇〇五年宣布最後一位退伍軍人將會葬在一個特殊的地點（或許就是偉人祠）時，拉札爾．龐提切利（Lazare Ponticelli）這位曾參與第一次世界大戰的最後一批法國老兵之一，就很堅定地說：「如果我是最後的那位老兵，我會拒絕。因為這對其他比我先去世的人是種侮辱，而且根本無法讓我感受到任何榮耀。」他要的是（後來也確實得到）一個簡單的紀念儀式，因為他說國家不該把注意力都放在一個人身上，當好幾十萬人都曾為此受苦並死去。席哈克倉促地撤回此舉，而其政府也漸漸不再提出要以葬禮儀式來象徵歐洲和解的計畫。

在加拿大，有個叫做自治領學會（Dominion Institute）的機構，他們的專長是讓加拿大人對於自己歷史知之甚少感到慚愧。他們提出請願要讓加拿大最後一位退伍軍人接受國葬。政府一開始似乎並不願接受，但後來面對民眾極度高漲的意見，才決定在眾議院舉辦投票。不意外的是，沒有人敢在這個帶著情緒的投票中投反對票。然而這些退伍軍人的家屬們對此議題仍不抱熱切關心。令人尷尬的是，在兩位依然在世的加拿大退伍軍人中，其中一位仍然身強體壯，他在某次訪問中提到自己當時很想在那場戰爭中脫離童貞之身，而且他自從一九二〇年代起就住在美國。

通常舉辦國葬儀式，其實是為了活著的人。當時英國保守黨黨魁伊恩．鄧肯．史密斯（Iain Duncan Smith）說（一邊觀察投票人的反應），這是一個能夠紀念一整個世代的方法，他們見證了「現代人類新世紀」的初始誕生。當義大利政府用完整的國葬儀式安葬了最後一位退伍軍人時，當時的總統齊安比（Carlo Azeglio Ciampi）說：「這場紀念儀式就像珍貴與活生生的見證，見證了這些參與戰爭的男孩當初的犧牲……這都是為了讓我們國家更好、更自由與團結。」加拿大自治領學會的會長魯達特．葛里菲斯（Rudyard Griffiths）說：「如果說有任何機會，能讓我國和國人勇敢又慷慨地紀念我們的歷史和共享的價值觀的話，那就一定是紀念這場偉大戰爭的最後一位軍人了。」

有時候我們會轉向過去的歷史，希望它能幫助塑造價值觀，因為我們已經不再相信今日的那些當權者。我們懷疑政客都只尋求自己的利益，因為有太多公司的首長人物被發現作假帳或讓自己領取過於豐厚的薪水。這些八卦消息占滿了《哈囉》（*Hello!*）雜誌和《浮華世界》（*Vanity*）的版面，也讓我們充滿了不安，認為世界上不再有誠實的好人存在。我們知道的太多了，無論是美國前總統比爾．柯林頓（Bill Clinton）的性醜聞或是小甜甜布蘭妮（Britney Spears）的吸毒事件。我們讀到許多關於醫生或學校老師說謊的新聞。這些事情當然過去也曾發生，但卻不像今天一樣會受到媒體或網路的強烈關注。歷史能夠安慰我們，即使我們對過去所知越來越少。

在這個世俗的世界裡（歐洲或北美洲人都身處這樣的世界），歷史扮演的角色就是向我們顯示善與惡、好與壞。現在宗教所擁有的設定道德標準和傳遞價值觀的功能，已經不如過去那麼重要。傳統的主流教會已經衰退了很多。的確，現在存在著大型的福音派教會，但他們提供的除了宗教以外，也強調娛樂性與社交性。根據調查顯示，上百萬人說自己是重生基督徒，但其實也不太清楚自己在信的是什麼。即使是那些持續相信真的有神的人，也可能會懷疑為什麼他或她會允許二十世紀有這麼多邪惡的事情發生。此時，歷史就能用來填補這個空缺。歷史不一定具有神性，但卻似乎可以超越人性。歷史是我們的權柄：它可以為我們伸冤證明清白，還可以指責那些反對我們的人。

根據新聞報導，小布希總統最近閱讀了很多歷史書籍，而顯然他也在這些歷史中找到一些安慰，因為那時他的總統任期已經快要結束了，而他的民意支持度也掉到了低谷。他開始將自己比喻為哈利．杜魯門（Harry Truman）總統，當一九四五年羅斯福總統逝世時，杜魯門才剛擔任副總統沒多久，經驗不足卻必須接下總統大任。因為羅斯福的個性傾向於把重要事情都留給自己處理，所以杜魯門幾乎什麼準備都沒有就要接任總統的工作。那時候他經常被形容成是密蘇里州來的男裝店老闆。在杜魯門的總統任期中，他的民意支持度就和後來的小布希差不多低。就像有人曾說的：「犯錯乃人之常情。」（To err is Truman.）（**編按：杜魯門名字的文字遊戲**）

然而歷史也是仁慈的，現在杜魯門已經被歷史學者和專家們選為美國二十世紀表現較佳的總統之一。當時他發現自己面對敵意日強的蘇聯以及歐洲的狀況，卻能正面迎接這些挑戰。他和政府團隊做出了一些很不錯的決策，為美國奠下了良好根基，因此日後能面對與蘇聯之間長久的冷戰。他們採納一些政策包括「馬歇爾計畫」（Marshall Plan）、史無前例的和平時期防禦措施，以及建立了北大西洋公約組織（NATO），這些或許都幫助了西歐脫離蘇聯的掌控。此外，杜魯門也用行動顯示美國已做好準備要遏止蘇聯的影響力，在一九四八年到一九四九年期間，蘇聯封鎖了西柏林地區，美國就率領西方國家對西柏林空投物資，成功解除了此項危機。隔年杜魯門又派遣美國軍隊前往韓國，幫助他們抵禦共產主義北韓對南韓的攻擊。

在二〇〇四年的選舉中，小布希常常提到杜魯門總統，以及自己對他的尊崇。隨著民意支持越來越低，他提到杜魯門的次數也越來越多。在二〇〇六年十二月，他告訴國會的領袖們，雖然杜魯門當時不受歡迎，但後來歷史卻顯示他的所作所為是正確的。小布希也常提到面對恐怖主義與伊斯蘭基本教義派的掙扎，他認為這將會持續好幾世代之久，也喜歡將之與冷戰相提並論。在二〇〇六年五月對西點軍校畢業生的一場演講中，他又將自己比喻為杜魯門，並說杜魯門雖然在任時被批評，但所做的決策卻是正確的。「藉著他所採取的行動、他所建立的制度、他促成的同盟，以及他設立的政策，杜魯門總統為美國在冷戰時期的勝利奠定了基礎。」小布希卻沒提到杜魯門是民主黨這項尷尬的事實。他也沒提到另一件重要的差異：杜魯門是透過與聯合國合作來做事，而非輕蔑他們。媒體和民主黨人士沒有忘記這點，但白宮卻試圖忽略之。白宮新聞秘書托尼．斯諾（Tony Snow）否認布希將自己與杜魯門相比，他只是想提醒美國人，就和在冷戰時期一樣，他們現在面對的敵人是被某種思想體系與全球性的野心所驅策的，而要打敗他們需要花費很長的時間。

如果說，歷史是一位我們可以向他申訴的法官，那麼有時候他可能也會反對我們。他會提醒我們，過去也有人面對類似的問題，卻做出了不同或更好的決定，這就能提醒我們所犯的錯誤。布希總統拒絕處理伊朗的問題，即使此國家對中東有很大的影響，特別是對伊拉克。一些對他有所批評的人仍記得，過去另一位美國總統也曾面對一場不太可能會贏的戰爭，同時也讓美國漸漸在世界上失去權威地位時的情景。當時的美國總統理查・尼克森（Richard Nixon）決定要讓美國撤出越南並重建聲望，而要做到這兩件事都必須仰賴中國幫助。雖然美國和中華人民共和國彼此仇視，而且當時將近好幾十年都沒有交集接觸，但尼克森卻大膽地跨出一步取得彼此共識，甚至如他所願讓兩國能互相幫助。當我在美國為我的書《尼克森與毛澤東》（*Nixon and Mao*）做演講的時候（內容是關於他於一九七二年拜訪中國）常常被問到，如果今天尼克森是總統的話，他是否會去德黑蘭尋求幫助讓美國可退出伊拉克？

既然歷史也扮演法官的角色，那麼若有任何領導人想宣稱自己是全知全能的，歷史也自然會降低其可信度。獨裁者們通常很了解歷史的力量，或許一部分是因為他們深知自己編造的謊言。他們會試圖重寫、拒絕或毀壞過去的歷史。法國大革命中的羅伯斯比爾（Robespierre）和一九七〇年代柬埔寨的波布（Pol Pot），他們兩位都試圖重新建立一個新的社會。羅伯斯比爾的新曆制度和波布的元年都是為了抹除過去的歷史，並掩蓋有其他方式組織社會的可能性。中國歷史上第一個統一集權的朝代秦朝，據說其皇帝毀壞了所有比他更早的歷史，埋葬了許多了解過去歷史的學者，還寫了屬於他自己的歷史。之後的朝代沒有像他如此殘暴，但他們也會寫下屬於自己版本的歷史。毛澤東做得更徹底：他試圖把所有過去的記憶和文物都毀滅，因為他怕這些東西會提醒人民關於過去的事，進而使他無法把人民塑造成新的共產主義分子。在他的鼓勵下，年輕的紅衛兵們幾乎毀滅了整個中國，他們破壞了珍貴的瓷器、焚燒書籍、拆毀寺廟與雕像，毆打教師、作家、神職人員等，任何有可能傳遞過去事物的人，都成為攻擊的對象。紫禁城還是因為周恩來派兵守衛才得以保存下來。在蘇聯，史達林將他的對手托洛斯基從書籍、相片和紀錄中完全剔除，直到喬治．歐威爾（George Orwell）發表的一本小說，托洛斯基才再次出現，但他在裡面的角色已「不是人類」。在托洛斯基所記錄的正確史實中顯示，史達林果然並非正統的列寧（Lenin，受人尊敬的蘇聯創建者）接班人，而史達林也沒有為蘇聯內戰中布爾什維克的勝利做出什麼重要的貢獻。

雖然他們面對歷史的態度是這樣，但這些獨裁者卻沒有忘記為自己創造永垂不朽的記憶，他們會為自己製造雕像、紀念館、墓碑，可能還會有照片和影片可保存。史達林寫了屬於自己版本的蘇聯共產黨歷史，在裡面唯一促使蘇聯成功的人物只有他和列寧。雖然他們面臨許多敵人，但那些人的名字都沒被提起。秦始皇也為自己建立了一座很大的陵寢，希望能流傳到永遠。在麥加，沙烏地阿拉伯的修道士和政治當局都試圖要用另一種方式來紀念穆罕默德的神性，他們藉著從歷史上除去其相關資料，好使他不再像個凡人一樣有紀錄可尋。宗教警察會禁止朝聖者在某些地點禱告（例如傳說中這位先知曾在某個山洞裡獲得神賜給他的第一個訊息），因為他們認為這樣的禱告行為只是偶像崇拜。在過去半個世紀以來，這位先知及他的家人過去曾住過的建築都被一一摧毀了，幾乎夷為平地。根據波斯灣研究所（Gulf Institute）的資料，光是在過去二十年來，麥加就有百分之九十五的最古老建築消失了，而它們都擁有超過一千年的歷史。

我們對歷史的信心，通常也表現於希望能透過對過去行為的道歉或補償來修正歷史。這裡有個不錯的例子，可以說明個人和機構組織如何承認他們過去犯下的錯，並願意提供某些形式的補償。瑞士銀行曾因向猶太人沒收的大筆財富獲利，他們當初從納粹那裡獲取了許多利益且容許了其犯罪行為，因此理應向那些受苦的猶太人後代們做補償。德國後來也確實支付給那些被希特勒殺害的猶太人的家人們好幾年的補償金。加拿大和美國政府也確實有義務要賠償某些日本人，因為他們在二戰時期被俘虜的時候，財產被不合理地沒收。而當時這些日本人有些其實是他們的公民，因此俘虜的合法性更具爭議。兩國政府都已經道歉並且支付賠償金給那些仍在世者。在這些案例中，犯下罪行者和受到傷害的人都很具體且清楚。

然而，通常在歷史中，兩者間的關係不會如此明確，但出面道歉對現在而言有政治上的意義。伊莉莎白女王（Queen Elizabeth）對紐西蘭的毛利人道歉，因為十九世紀時英國曾非法奪取他們的土地，但這不表示她會接受他人的指責。紐西蘭社會和紐西蘭政府則試圖與毛利人努力解決尚存的問題，並補償他們過去受到的損失。在二〇〇四年，三位美國議員提出一項法案，想要因「美國長久以來任意破壞和糟糕的政策」向所有的原住民正式道歉，評論家們發現，提議者之所以會提出這項法案，可能是因為原住民的選票在好幾州都很重要。這項法案後來沒有通過。

對於那些想要處理過去曾發生的不好事件的國家而言，願意承擔責任並做出悔改，是健康的行為。在南非，隨著種族隔離政策的結束，公眾人物（無論黑人或白人）都開始討論如何做才能讓國家繼續往前進，又可不讓過去的恩怨造成社會分裂。在一九八〇年代，當時的南非總統弗雷德里克・威廉・戴克拉克（Frederik Willem de Klerk）和白人國民黨，就與納爾遜・曼德拉（Nelson Mandela）及非洲國會討論如何結束種族隔離政策，他們共同的挑戰是如何和平地將政權移交給黑人為主的政府。困難之處在於，如何讓之前處於壓迫者的那方（例如警察或保安武力），不會因為當初服從上面的指示而被懲罰，以及如何緩和之前遭受壓迫的黑人想要報仇的心情。這是項很難的決策，而負責檢視這歷史事件的委員會有權力給予證人特赦，還能對如何補償那些在隔離政策中的受害者給予建議。在一九九五年，也就是第一次多種族選舉後不到兩年，南非國會通過國家團結及和解促進法案（the Promotion of National Unity and Reconciliation Act）。真相和解委員會（the Truth and Reconciliation Commission）於一九九六年春天開始進行聽證會，並於兩年後提出結論報告。這是個很特別又令人感動的案例，因為他們願意將過去種族隔離政策的錯誤公諸於世。此委員會總共在南非各地舉辦了一百四十場聽證會，並從種族隔離政策的受害者那裡收集到約二萬二千份供述。約有七千位當時處於舊政權中的人申請特赦。那些以前曾擔任秘密警察的人站出來承認自己曾虐待或殺害他人。而黑人的證人們則在重述過去發生在家人身上的事情時聲淚俱下。當然這個委員會沒有辦法醫治所有的傷害。而且特赦的舉動特別不受黑人歡迎，賠償金的支付也斷斷續續又緩慢。然而，當委員會在一九九八年完成所有的聽證會時，南非各色人種與各階層人士總算檢視和處理了種族隔離政策時的歷史紀錄，他們也因此可以繼續往前共創未來。

然而，讓一個社會為了發生在不同時代背景與不同信念下的事情道歉，一定是有益處的嗎？有些政客和某些人士總是會很快就低頭道歉，但我們其實不太清楚他們為什麼需要為這些事負起責任，或是道歉能帶來什麼好處。例如教宗就曾為了十字軍東征道歉。英國詩人約翰．貝傑明（John Betjeman）的女兒曾向倫敦附近的一個小鎮道歉，因為貝傑明寫的詩中曾經有這麼一句話：「來吧友善的炸彈，落在這沼澤泥濘，因為此處不宜人居。」一九九〇年代，美國前總統比爾．柯林頓曾為奴隸制度道歉，英國前首相東尼．布萊爾（Tony Blair）則為了愛爾蘭的馬鈴薯饑荒道歉。英國伊莉莎白女王一世時期著名的海盜兼奴隸商人約翰．霍金斯爵士（Sir John Hawkins）的某位後代曾跪在甘比亞（Gambia）的一群居民面前，身上還穿著一件印有「很抱歉」（So Sorry）字樣的T恤。

在加拿大，接替之前政權的聯邦政府會為一些過去的政策道歉（有些我們現在看來真的很糟糕），有時甚至支付賠償金。然而，這作法也產生了一些有趣的問題。加拿大過去曾向中國的移民收取人頭稅（head tax），其原因毫無疑問是因為種族主義，是為了勸阻亞洲人定居在此。但是這一代的加拿大人是否有需要賠償那些當初選擇支付人頭稅者的後裔呢？如果把這些錢拿來用在他們全部人身上，會不會比用在個人身上更有意義呢？然而，現在在不同團體之間已經出現爭執，吵著想為這些華裔加拿大人爭取權益，和如何分配政府給予的這筆金錢。

對於過去的歷史，我們到底應該如何去猜測其背後原因，或甚至試圖去反轉它呢？英國政府最近認為，在第一次世界大戰時軍方不該把那些膽小的士兵處死。所以政府決定在他們身後進行特赦。英國一位受尊敬的新聞記者馬修．帕里斯（Matthew Parris）問道，像這樣對過去人所做的判斷提出質疑，真的是正確的嗎？「我懷疑我們今天是否能夠這樣質疑三個世代以前，在不同環境下所做的判斷，而且那時候的道德標準本來就比較嚴格。」帕里斯說道。「若沒有嚴格的紀律，軍隊有辦法運作嗎？」他問道。而這當然包括嚴格懲罰那些拒絕遵守紀律，或試圖在敵人面前逃跑的士兵。因為人性本來就不會想上戰場承擔風險。因此處決的威脅可以有效防止軍隊成為一盤散沙。我們可以說這世界上不該有戰爭，或是世界上不該有軍隊，但在這樣的和平世界到來之前，我們需要武力軍隊保護自己和執行政策。

加拿大政府最近亟欲重新定義一些過去的歷史，例如關於過去戰時曾軟禁某些種族的事。在兩次大戰期間，加拿大都曾拘禁那些她認為是敵對國家的人民。在第一次世界大戰中，當時加拿大的敵人是奧匈帝國（Austria-Hungary），而許多住在加拿大的烏克蘭人是從其邊境來的。這些人之所以會離開祖國，或許是因為不滿哈布斯堡王朝（Hapsburg）的統治，但或許有些人事實上忠於舊的君王。事實上，在一九一四年八月，一位溫尼伯市（Winnipeg）的烏克蘭主教甚至力勸他們進入美國，如此他們才能回到家鄉為弗朗茨·約瑟夫（Franz Josef）征戰。加拿大政府當初是否該選擇趁此機會讓他們回國呢？但加拿大沒有如此做，反而拘禁了他們。當時英國和澳洲政府選擇拘禁他們的德國裔公民時，也是採取了類似的觀點，雖然這其中許多人其實已經住在該國好幾十年了。

在第二次世界大戰期間，同盟國那方也拘禁了許多日本裔、德國裔和義大利裔的人。我們現在知道後來是軸心國那方失敗了，但是當初他們做出這些決定時，情況並不明朗。而且我們也不知道，那三個軸心國的國家當時是否期待那些移民到同盟國的國民會來幫助他們。同盟國如果忽略了來自軸心國的那些移民中，有人其實是站在德國納粹、義大利法西斯主義或日本軍國主義那邊的話（事實上好像真的有），同盟國必須為此自責嗎？然而比較難以原諒的是，他們當時沒有花費太多心力去分辨誰是忠心的，誰可能是不忠心的。

在英國，許多來自德國和奧地利的「敵方外國人」其實是猶太裔的難民，但他們卻也被抓起來送去集中營，例如位於曼島的集中營。當時有超過七千人被送到加拿大和澳洲，而當「阿蘭多拉星號」（Arandora Star）被襲擊時，也死傷了好幾百人。另外，更令人髮指的是奪取這些人的財產的行為。在美國及加拿大，被拘禁的日本人的財產全都被偷竊、損毀或以賤價賣給心急的投機商人。後來兩國政府都因此支付了賠償金。

話語是廉價的，雖然它們可能會造成昂貴的結果，但政客們總喜歡表現出非常關心或小心翼翼的樣子。而對過去道歉似乎也可用來當成現在不用做事的藉口。澳洲政府向來都很努力試圖處理他們原住民所面臨的景況（其原住民的平均壽命比其他一般居民少了十七年），其中部分原因牽涉到過去的歷史。一九九七年，該國的人權與平等機會委員會（Human Rights and Equal Opportunity Commission）發表了報告，指責過去從第一次世界大戰到一九七〇年代，政府將原住民孩童強行從父母身邊帶走，並將他們交給白人家庭撫養，希望藉此使他們被撫養成「白人」。後來國家和地方政府都向這「失竊的一代」表達歉意。一九九八年，一個民間委員會舉辦了首次的國家道歉日（National Sorry Day），好幾千位澳洲人簽署了「道歉本」，並將之拿給原住民團體。但是聯邦政府卻保持沉默。

但當時的澳洲總理約翰·霍華德（John Howard）直到二〇〇七年敗選為止，都不認為澳洲必須為此道歉。後來，他的繼任者陸克文（Kevin Rudd）才得以在聯邦政府國會提出一項動議，且全體通過。二〇〇八年二月十三日，原住民領袖們與其他貴賓齊坐在議會的旁聽席，而陸克文則說出了那段歷史上著名的話：「我們為國會和政府曾提出的一些法律與政策，及其為我們澳洲同胞所造成的傷痛和損失致上歉意。」然而，他卻也巧妙迴避了賠償金的問題，也鮮少提及政府要如何處理原住民之間常見的文盲、酗酒、虐待兒童和失業等問題。一位原住民領袖對於陸克文的說法，曾諷刺地評論道：「黑人獲得了道歉的話語，白人則把錢留了下來。」

在美國，也有一項特別引起爭議的話題，那就是政府是否該為了過往的奴隸問題道歉。關於此事，黑人和白人間的看法歧異：大多數白人認為不需要為了好幾個世代以前的人做的事情道歉，但幾乎大部分黑人都認為應該要道歉，還有較少部分人認為政府應該要支付賠償金給奴隸的後代。而百分之九十六的白人則不認為需要支付賠償金。二〇〇〇年，黑人律師蘭德爾·羅賓遜（Randall Robinson）在他的書《美國虧欠黑人的債務》（*The Debt: What America Owes to Blacks*）中提到，美國白人現在的繁榮是建立在過去奴役的歷史上，他還特別指出一些機構，例如布朗大學（Brown University）的資金是靠建造奴隸船取得的，其金額推算起來非常多。理查・阿美利卡（Richard America）是一位喬治城大學的經濟學者，他聲稱美國黑人總共被積欠了約五兆到十兆美元的金額。而有些人已經對美國政府和一些公司提出一連串告訴，尋求金額賠償，但至今尚未成功。

不過，如果我們不停回首過去，或是盡想著要為歷史道歉，那麼很可能沒有足夠心力用於處理現在面臨的難題。此外，也可能有其他危險，例如一些少數民族的領袖就指出，專注於過去的憤恨不滿可能會形成一種陷阱，就是政府和團體會逃避處理現在面對的問題。美國黑人可以要求為過去的奴隸制度道歉，而美國政府也的確可以為此道歉，但這麼做之後是否就能幫助解決目前黑人遇到的問題呢？例如他們的孩童只能去念較次等的學校，或是黑人男性找不到工作等問題。加拿大的原住民也曾遇到與「失竊的一代」類似的問題，就是政府強行讓原住民小孩進入寄宿學校就讀，希望他們能在那裡學習英文或法文，並能被同化融入「白人」的社會。許多評論指出，不管是原住民或非原住民，這些加拿大寄宿學校似乎有虐待孩子的問題，有時候是性虐待，而且剝奪了屬於他們自己的文化。原住民領袖說這算是「文化上的種族屠殺」，而一位前聯合基督教會（United Church）

的牧師宣稱，雖然至今沒有太多證據，但他發現背後有謀殺、非法人體試驗和戀童癖等問題。加拿大政府已經提供賠償金給之前的每位學生，並設立了真相與和解委員會，將花費五年的時間收集資料並寫出相關報告。而該委員會的主席已經開始談論關於可能的犯罪指控。當然，加拿大政府理應要處理這些指控，但一方面卻也讓我們發現，沒有人願意花相同的資源用於處理許多保留區現在所面臨的問題。著名的猶太裔美國編輯里昂・韋斯提耶（Leon Wieseltier）提出警告，當人們如此專注於過去時，這些弱勢團體所理解的訊息通常是：「別被愚弄了……他們仍然想壓迫我們。」停留在過去的事（例如大屠殺或奴隸制度）太久，有時只會讓人們缺乏資源處理當下面臨的問題。

# 第三章

# 誰擁有歷史？

遺憾的是，隨著歷史越來越受到大眾的討論與注目，專業歷史學者卻也開始把這塊專業領域丟給那些業餘者。他們開始轉而悶頭鑽研少數幾段歷史，因此使得現今許多歷史研究都出現自我參照（self-referential）的現象。他們會詢問一些問題，例如：我們（或專業歷史學者）是怎麼創造歷史的？我們使用什麼理論？其中是否有誤用理論的問題？幾年前，當我在讀一些學生所寫的研究所申請書時，看到一位似乎很聰明的學生寫到為什麼她想要進入歷史某個特別領域做研究，而她的理由是因為該領域「還沒被理論化」。

或許是因為歷史學家也想要像科學領域或社會科學領域的學者們那樣，聽起來非常專業，所以他們開始大量追求使用專業術語及又長又複雜的句子，因此使得許多文章看起來非常困難，但其實無此必要。亞伯達大學（University of Alberta）的一位歷史學者安德魯·柯林·高（Andrew Colin Gow）曾提出一項特別的意見，為蒙昧主義（obscurantism）辯護。他認真覺得，我們不該期望歷史學者為大眾提供娛樂或是講述有趣的故事。他說：「我們需要讓專業歷史來娛樂我們嗎？特別是當大眾花這麼多錢給我們歷史學者時。想想看，我們有要求物理學來娛樂大眾嗎？」

但歷史學家們畢竟不是科學家，如果他們不能讓大眾明白自己在做些什麼的話，那麼其他人就會急忙填補這塊空缺。政治家或其他領袖常會為了自己的目的誤用或濫用歷史，但卻很少被發現。這是因為一般人對歷史的了解不夠，所以沒辦法質疑他們。現在大眾所閱讀或喜愛的歷史作品，有很多其實是由業餘歷史學家所寫的。有些寫得很不錯，但有很多卻不怎麼樣。如果這個歷史故事只能告訴我們複雜事實中的部分真相，那它就不是好的歷史故事。這種歷史故事會陳述一些後人不可能得知的資訊，例如它們會為某些歷史人物編造一些內心的想法。佛洛伊德曾和美國外交官威廉・蒲立德（William Bullitt）一起撰寫伍德羅・威爾遜（Woodrow Wilson）的傳記，但這作品沒有為佛洛伊德帶來什麼好名聲。因為佛洛伊德從來沒當面見過威爾遜，也沒有讀過他的私人日記，因為威爾遜根本沒有寫日記的習慣。但佛洛伊德卻自信滿滿地說威爾遜對父親有特殊的情結，以及他常懷抱一種挫敗感。另外，詮釋錯誤的歷史還可能會對某些歷史人物要求過高，期望他們能有遠見，或是做出一些事實上無法做到的睿智決定。在一九一四年，當所有的軍方將領都信誓旦旦戰爭將會很快結束時，那些歐洲的政治家們又如何能預料到西方前線竟然會陷入長期僵持狀態呢？

闡述不佳的歷史也常會草率使用一些通論，但卻沒有適當的證據證明這些原則的正確性，或是忽略了一些無法適用的事實。例如，一般認為協約國與德國在第一次大戰結束時簽訂的《凡爾賽和約》（*Treaty of Versailles*），其內容是愚蠢且具報復性的，因而導致了第二次世界大戰。這是個很有說服力的故事，再加上凱因斯等人的論述背書，似乎更是如此了。不過這些說法卻忽略了一些考量。雖然德國畢竟是戰敗了，但他們所承受的條約內容並沒有像他們所宣稱的（或是像許多英國人和美國人想的）那麼糟糕。他們所需負擔的賠償金的確是一項重擔，但也沒有想像中那麼沉重。德國人只支付了一部分的金額，而當希特勒掌權後，他就把所有的債務取消了。如果說德國人在一九二〇年代的確面臨經濟問題的話，大部分是因為德國政府財政政策的緣故。因為他們不願意提高稅金，也不願意拖欠許多中產階級所持有的戰爭債券。此外，他們的狀況在一九二〇年代其實是逐漸變好的，而非變得更差。當時歐洲和世界各國的經濟都逐漸復甦，而德國和蘇聯甚至得以進入了國際舞台。但後來發生經濟大蕭條，使得各國、甚至那些最強盛的民主國家都感受到極大壓力。還有國際間一連串錯誤的決定，包括一些偉大的德國政治家和將軍認為，先讓希特勒掌權後就可以對他加以掌控。若沒有上述這些事件，那麼野心國家的侵略行為和第二次世界大戰或許不會發生。

闡述不佳的歷史就是忽略了這些細節，而喜歡將故事描述得像是道德劇一般，但這樣的故事無法幫助我們了解歷史本身更為複雜的全貌。這種歷史故事通常過於簡單或根本就是闡述錯誤。因此，我們需要學習如何正確地評估歷史，並用審慎的態度檢視這些被宣稱的史實。

專業歷史學家不應該輕易將自己的領域拱手讓人。我們應盡力提升大眾對過去歷史的認識，這包括確實的完整度與深度。我們應努力質疑市面上那些單面向，或甚至是錯誤的歷史。如果我們不這樣做，就等於允許領袖或決策者濫用歷史支持一些假冒的宣稱和錯誤愚蠢的政策。此外，歷史學家也不該捨棄政治歷史的領域，而完全轉向社會學和文化研究領域。無論喜歡與否，政治的確對我們的社會和生活有很大的影響。我們只須問問，若當初希特勒和納粹沒有掌控歐洲最有權勢的國家的話，世界將會有怎樣的不同。而如果羅斯福當總統的時候，沒有執行新政（New Deal）的話，美國的資本主義和美國人的生活又會有怎樣的改變。

雖然閱讀某些特殊主題的歷史，的確能增廣見聞且非常有趣，例如關於法國大革命時期的民眾狂歡景象、中世紀時期童貞女馬利亞懷孕生子、甜甜圈在加拿大人心目中的重要性（顯然加拿大平均每人吃的甜甜圈多過世界上其他人），或是漢堡在美國人生活中的地位等等。但我們也不該忘記十九世紀偉大的德國歷史學家蘭克（Leopold von Ranke）所說的「務必了解實際上發生什麼事」。

每個世代都有他們特別關心的話題，因此人們也會想要在過去的歷史中尋求新的看法，並提出不同的問題。當我還是大學生時，我們的標準教科書主要討論的是政治和經濟領域的歷史。當時很少討論到社會歷史，而性別歷史的領域更是完全不提。到了一九六〇年代，當時出現了第一波女性主義，也讓大家開始對女性歷史產生興趣。而當同志權利運動開始高漲時，男女同志的歷史也開始受到關注。另外例如嬰兒潮世代對於年輕貌美的注目，則促使身體歷史這個特別的領域受到關注。當歐洲強大的帝國逐漸式微，而亞洲在經濟與政治方面崛起時，世界歷史也開始將重心從歐洲和北美轉向了這些其他區域。當我們對歷史提出新問題和做新的研究時，就可以讓歷史產生改變和發展。

然而當我們探討過去歷史時，有個問題是必定要問的：那就是到底發生了什麼事，而發生的順序又是如何？因果關係和發生順序對於了解歷史是很重要的。拿破崙的確贏了滑鐵盧戰役？而這場戰役也的確發生於他侵略俄國或西班牙之前？以上是無法討論的事情。

但我們可以討論他為什麼會在滑鐵盧戰役中失敗，或是他之前的許多決定如何導致了失敗。如果我們歷史學家除了撰寫偉大的歷史主題之外，不去在意那些同樣身為歷史一部分的小事件，那麼其他人就會去做這份工作，問題是他們可能沒辦法勝任其職。

事實上，歷史學家（特別是過去的）已經撰寫了一些不佳甚至帶有偏見的歷史。在中世紀時期，基督教歷史學家傾向於用天主教會勝於全世界的角度，來看待過去的歷史。當文藝復興時期的學者發現，那些意圖將羅馬皇帝的權力轉讓給教宗的文件是假的時候，就讓我們有了新的眼光去重新檢視該史實。維多利亞時期的歷史學家常認為，就是因為過去大英帝國曾稱霸世界，所以現在的世界才能享受如此的繁榮。而法國、德國、俄國和美國歷史學家也常為自己國家撰寫類似的歷史。就像史詩一般，他們的書中充滿了英雄人物、壞人和激勵人心的情節。這些歷史故事，就像知名的英國歷史學家麥可・霍華（Michael Howard）所說的，可以支持我們度過困難的時光，但他們充其量只能算是「撫慰人心的歷史」（nursery history）。

霍華說得很正確，歷史學家的角色應該是要挑戰甚至暴露國家的迷思：「這種幻想的破滅，是一個人成長並進入成人社會必經的過程，而西方自由社會與極權主義國家（無論是共產主義、法西斯主義或天主教專制主義）的不同就在於，前者的政府將公民視為能夠為自己負責的成人，後者則非。在第二次世界大戰後，大部分西方國家都做了一個困難但明智的決定，就是願意揭露這段衝突的歷史。換句話說，他們雇用了專業的歷史學家，並給他們無限的權力去使用那些相關文件。因此，同盟國那方所犯下的錯誤或失敗得以不被掩蓋，而且能讓這段糾結複雜的歷史盡量還原成它最完整的樣貌。

在英國有個有趣的例子。英國政府一開始就給予邱吉爾自由使用那些歷史紀錄的權利，還給他優渥的稅賦待遇，好讓他能撰寫偉大的第二次世界大戰歷史。其部分目標是為了確保他們能夠擁有一份英國版本的戰爭紀錄，且希望出版速度要比美國和俄國等即將匆促出版的回憶錄或歷史書籍更快。結果就如大衛·雷諾茲（David Reynolds）所說的，他們所獲得的是一份只保有片面說法的紀錄，許多尷尬的議題也掩蓋不提。例如邱吉爾在書中鮮少提到，在一九四〇年五月那段黑暗的日子裡，英國內閣內部經常出現的爭論。根據邱吉爾的說法，當法國被納粹所攻占時，他們並沒有討論英國該怎麼做，只是全體同意應該獨自繼續奮戰。他如此寫道：「未來的人們可能會注意到，戰時內閣從來沒有給予空間，討論我們是否該獨自繼續奮戰這個問題。因為國內各黨派人士都認為這是理所當然的事，而當時我們也沒有時間浪費在討論這樣不切實際的理論性問題。」事實上，根據紀錄顯示，內閣的確曾理性考量過是否有其他可能性，甚至曾考慮是否去找當時的義大利獨裁者墨索里尼幫忙做和平談判。但因為後來認為此舉可能不會有什麼幫助，且有可能打擊英國的士氣，最後內閣才做出了這項重要的決定。

然而，從戰爭一開始，英國政府也早已下定決心要撰寫一份正式的官方歷史，因此一九四六年他們指派詹姆斯·巴特勒爵士（Sir James Butler，一位受尊敬的歷史學家）負責監修一系列書籍，這套書籍將記錄英國面對戰爭時在各方面的努力。巴特勒爵士清楚地表示，為了這套書的名譽，他希望能選擇一些聲譽良好的獨立學者，而非軍事方面的專家來撰寫。此外，他選中的這群歷史學家應該要能完全自由地調閱那些書面紀錄，並且在不危及國家安全的範圍內自由使用所發現的資料。因此，這份英國官方歷史包含許多資訊，內容很坦白且有時帶點爭議。例如，當寫到對德國進行炸彈攻擊這部分時，書中內容很直率地揭露：當時空軍最高指揮部對於到底要採取區域轟炸（area bombing）或是特定目標轟炸（precision bombing），以及哪個方式能夠最有效打敗德國的意見有所不同（但他們似乎偏好區域轟炸）。所謂的區域轟炸是以城鎮或鄉村為目標，而非以小建築物（如軍火工廠或儲油倉庫）為目標。當英國空軍部於一九五九年提出抗議，認為揭露這樣的爭論可能會損害英國皇家空軍的形象時，內閣秘書諾曼·布魯克爵士（Sir Norman Brook）給了很明確的答覆。他認為歷史不是用來洗白過去的一些事實。若能好好處理這些困難的議題，將能幫助未來的政府從過去的錯誤中學習。

直言不諱的歷史，不一定都會受到溫暖歡迎。諾伯·福朗克蘭博士（Noble Frankland）這位歷史學家是負責撰寫那段轟炸歷史的人，而他發現自己成為蓄意攻擊的對象。雖然他自己也曾參與這場空中轟炸行動，並獲得了傑出飛行勳章（Distinguished Flying Cross），但英國的保守派媒體卻暗示他其實並不勝任此一工作（事實上，他曾因肺炎而停飛了約八個星期，但後來又回去參與空襲德國的行動）。那些批評人士說，福朗克蘭博士從來沒到過現場（這說法顯然是錯誤的），而只有曾親自參與過的人才能了解情況。雖然許多嚴厲批評他的人承認，他們從沒讀過福朗克蘭博士寫的書，或只讀了一部分而已，但這卻沒阻止他們繼續抨擊。福朗克蘭博士也曾提出他的看法，認為那些在戰爭最後幾個月用於空襲轟炸的資源，其實或許可以用在其他更適合的地方，也提到這場轟炸行動在摧毀德國士氣方面的效益可能有待商榷。但這些看法很快就被渲染成他宣稱整場轟炸任務就是「一個浪費資源的失敗行動」，事實上他從沒這麼講過。批評者還宣稱他這麼做是在污辱那些為國犧牲的軍人的名譽，也是在傷害生還者和家屬的感情。一位國會成員說，福朗克蘭博士就是那種憤世嫉俗、肆無忌憚的作者，希望靠寫出這些聳動的內容來賺錢。這些對福朗克蘭博士的指控，與今天對加拿大戰爭博物館所展出的同一場轟炸行動展覽的指控非常類似。批評者說，這間博物館在一塊匾牌上寫著「一場永遠的爭議」，就是在錯誤地指控那場對德國工業和城鄉的轟炸行動是無道德且沒有效益的。但那塊牌匾真正的意思是「這場對德國的策略轟炸行動，其價值性和道德性將會永遠存在著爭議」。

通常，大眾對歷史學家作品的反應，與時間點很有關係。在一九五〇年代，英國正經歷重新檢視自己的時期。當時英國在全世界的地位漸漸下滑，而國內又面臨社會和經濟問題。一九五六年的蘇伊士運河危機使英國消耗極大，雖然新的保守黨首相哈羅德・麥克米倫（Harold Macmillan）盡力保持與美國的特殊關係，但顯然大家都知道誰是占上風的那方。大英帝國的勢力不停衰退，而當麥克米倫發表了那篇關於非洲殖民地獨立的著名演說〈風雲變幻〉時，他也必須決定是否讓福朗克蘭博士寫的書出版。第二次世界大戰對英國人來說是個非常重要與光榮的時刻，因為那時全英國人民團結一致，而且英國仍是世界三大勢力之一。這種混合了緬懷過去與驕傲的心情，被巧妙且諷刺地呈現於諷刺劇《邊緣之外》（*Beyond the Fringe*）的其中一個片段〈戰後餘波〉中。而福朗克蘭博士在此時揭露這場轟炸戰役的詳細內容，以及圍繞此行動曾發生的各種內部爭論，就像對眾人潑了一盆冷水。

偉大的歷史哲學家柯靈烏（R. G. Collingwood）在他的自傳中寫道，歷史學家必須用審慎的眼光檢視過去，即使這表示要揭露一些大家珍視已久的迷思。他說：「若過去的歷史和現在毫無關係，那麼過去的歷史知識對現在就沒什麼幫助。但假設過去的歷史一路影響到現在，那麼即使是塵封在內部，或乍看之下隱藏於當前矛盾的外表下，這歷史仍然是鮮活的且有影響力。歷史學家和一般人的差別，就像是訓練有素的森林探險家和純真無知的一般遊客。」有時，歷史學家提出的一些描述或疑慮，會讓人感到非常不舒適。我們真的會想知道那些大英雄（例如邱吉爾）曾犯下了什麼愚蠢錯誤嗎？或是第二次世界大戰時，同盟國對德國空襲轟炸的效率和道德面其實存在許多爭議。還有約翰．甘迺迪（John F. Kennedy）其實有很多疾病，需要倚靠大量的止痛藥物。我想，我們其實是想知道的，但這不是基於什麼奇怪的原因，而是因為複雜的答案總是比起過於簡單化的回答更能滿足成人的心。我們仍然能擁有那些英雄、仍然能對過去歷史的正確或錯誤持有自己的看法，也仍然可因為某些好結果而感覺開心。但我們更應該了解歷史就和日常生活一樣，很少有絕對的黑白之分。

歷史學家當然不擁有歷史，歷史是屬於每個人的。但因為歷史學家花許多時間專研歷史，所以他們較業餘者更可能對歷史做出合理的評估。畢竟，歷史學家當初就是被訓練如何問問題，如何在不同的事件之間做出連結，以及如何收集和檢視證據。理想上而言，他們擁有正確的知識系統，並對過去某些時期的歷史或事件有詳細的了解。但是當他們寫出的作品挑戰到過去根深柢固的歷史信念或迷思時，經常會被控訴是自視甚高的虛無主義者，或是與「現實世界」脫節（其實所謂的現實世界也存在於想像中）。在近代歷史的領域中，歷史學家也被批評：如果他們當時不在歷史現場的話，那麼他們也不該持有什麼個人意見，就像福朗克蘭博士所受到的對待一樣。

這種認為本身曾參與事件，或生長於同一段時間的人，一定會比後來的人更了解事實真相的看法，其實是深深的誤解。例如，最近加拿大博物館舉辦關於同盟國空襲轟炸的展覽，引起了不少爭議。如預料一般，有許多人控訴那些負責辦展覽和支持此活動的歷史學家，他們所持的意見一定和當初參與空襲的老空軍不同。當然，《國家郵報》（*National Post*）說：「人們有自由發表意見的權利，我們也不該一一探究每個特殊利益團體的敏感處。但退伍軍人並非只是一個普通的利益團體。」當這些爭議出現時，我正好也是被請去評估此展覽的外部歷史學家之一（我支持那塊匾牌，並且強烈建議戰爭博物館不要讓步）。當大家知道我的看法後，我開始收到一些郵件，上面寫著我沒有權利對第二次世界大戰發表意見，因為我不曾參與其中。而且他們還暗示，身為一個女人，我又能對軍事方面的事有什麼深入了解？而我的另一位同事則收到了這樣的信：「那些老兵為我們國家和生活所做的付出，以及他們展現的勇氣和奉獻精神，是你們永遠比不上的。既然他們當時在那個現場，而你們沒有，那他們才有權決定那塊匾牌上所寫的是否公正。」

身處於某事件的現場，並不代表你就會對它有更清楚的了解，有時情況甚至可說是相反的。例如，我本身的確經歷了古巴飛彈危機那段時期，但那時候我所知道的都是媒體上所報導的。和其他幾百萬人一樣，我對華盛頓和莫斯科之間如何處理此危機所發生的激烈爭辯一無所知。我也不知道甘迺迪與蘇聯竟然有秘密的溝通管道，或是蘇聯已經將原子彈頭部署在古巴。我不知道菲德爾・卡斯楚（Fidel Castro）已經準備好讓自己的國家被毀滅，如果這能讓蘇聯在冷戰中更接近勝利的話。這些事情都是在過了一段時間之後，當雙方的機密文件漸漸被揭露出來，我們才對當時狀況的全貌有了比較詳細和全面的了解。同樣地，那些退伍軍人本身所經歷的和空襲轟炸事件的歷史真相之間也是一樣。他們知道冒著生命危險飛過德國上空是什麼感覺，但他們不會清楚知道在白廳（Whitehall）曾發生的那些爭論，或他們投下的飛彈所帶來的影響。這些真相只有透過後來的調查和分析才能真正了解。

就如心理學家告訴我們的，記憶是非常微妙的。的確，我們都能記得過去發生的一些事情，而且通常是很生動且鮮明的。我們能回想起昨天穿了什麼衣服，在某些場合說了什麼話，或是某些畫面、味道和聲音等等。但我們不一定都記得非常正確。美國偉大的政治家迪安・艾奇遜（Dean Acheson）有一次曾告訴歷史學家小亞瑟・史列辛格（Arthur Schlesinger Jr），當他花了一個早上寫回憶錄之後，經常需要喝一杯濃烈的馬丁尼。艾奇遜寫到了關於珍珠港的事件，並憶及在一九四一年事件那天，他和羅斯福總統及當時的國務卿科德爾・赫爾（Cordell Hull）正在總統辦公室內的景象。當天美國凍結了日本的資產，並與日本之間往開戰方向更跨近了一步。「總統坐在他的桌前，赫爾坐在他對面，我就坐在國務卿旁邊的椅子上」，他這樣寫道。但是經他的秘書調查了紀錄後發現，事實上赫爾當天根本就不在華盛頓。

我們誤以為記憶就像石頭上的雕刻，一旦發生了就不會改變，事情就如此決定了。然而記憶不只是選擇性的，還易受影響。在一九九〇年代，大眾突然開始熱烈注目關於記憶恢復的話題。一些權威人物出版了相關書籍，並在媒體上宣稱人類可以完全抑制過去痛苦或創傷的記憶。藉著和治療學者的合作，有些病人開始發現一些隱藏於過去的事情，例如曾被父母性侵、殘忍行為、邪教聚會或謀殺等等。很多家庭因此破碎了，而控訴者和被控訴者的生活也毀壞了。現在這種恐慌終於漸漸平息了，我們也懊悔地承認，事實上並沒有證據顯示人類可以成功抑制那些痛苦的回憶。那些記憶事實上仍然鮮明地存留著。

附屬於哈佛醫學院的麥克林醫院（McLean Hospital）生物精神病學實驗室（Biological Psychiatry Lab）最近做了一份關於壓抑的記憶症候群（repressed-memory syndrome）的實驗。他們會對這主題產生興趣，是因為這現象是在二十世紀末突然出現的。如果這種症狀確實原本就存在於人類大腦的話，那麼過去歷史中也應該要有這樣的案例出現才對。他們在十九世紀的文獻中曾找到這樣的例子，但是雖然提出獎賞，卻仍無法在一八〇〇年之前的文獻中找到相關案例（無論是在小說或非小說中）。後來他們歸納出結論認為：「這現象並非人類天生的神經系統功能問題，而是與十九世紀『文化相關』的現象。」當時的浪漫主義喜歡關注超自然現象或想像的事物，之後正好又出現了一些關於潛意識的理論（其中最著名的是佛洛伊德的理論），這些因素都讓我們開始相信人類的心理其實會對人們產生一些特別的影響。

我們會編輯關於自己過去的記憶，一方面是因為人總是有種本能，想要讓自己的角色變得較有吸引力或是重要。不過另一方面，我們會這樣做也是因為時間流逝和態度改變的關係。在第一次世界大戰後的前幾年，法國和英國會紀念那些傷亡的人，並認為他們是為了保衛國家社會捐軀，但當後來關於戰爭的神話破滅時，法國和英國社會才重新正視他們其實是無辜的犧牲者。此外，人類也會傾向於將一些似乎不再合宜或重要的記憶刪除。當我訪問一些曾於英國殖民印度期間住在英屬印度（Raj）的英國女性時，我總是會問她們，英國統治者和受統治的印度人民之間關係如何？她們都會說各種族之間其實沒有什麼問題，而且英國人也不會表現出歧視的態度。但我們已從一些當代的資源——例如信件或日記——中得知，當時許多（或許可說大部分）住在印度的英國人的確都認為印度人比自己低等。

我們有時也會在重述記憶時加以美化。普利摩・李維（Primo Levi）曾盡力保存了關於納粹集中營的相關歷史記憶，他警告我們：「一項記憶若常常被重新挑起，並常以故事型態呈現的話，很有可能就會變成一種固定的刻板印象……人們將其加以完美化和潤飾，並取代了原本的記憶，也因此必須付上某種代價。」當我們知道越多關於過去的事，那些知識也會變成我們記憶的一部分。以色列猶太大屠殺紀念館（Yad Vashem）的館長曾惋惜地說，他們所收集到的那些口耳相傳的歷史，大部分都不是很可靠。例如，大屠殺的倖存者常認為他們曾目睹那些殘酷暴行，但事實上他們當時的所在地卻離那些事發現場非常遙遠。

在一九二〇年代，法國的社會學家莫里斯・哈布瓦赫（Maurice Halbwachs）創造了「集體記憶」（collective memory）這個詞彙，意指一般人面對自己所屬的團體時，認為自己所確實知道的、關於這個團體的歷史。「基本上，」哈布瓦赫寫道，「一個集體記憶（或至少較重要的集體記憶），表示的是關於此團體的一些具永恆性或是很重要的事實，有時通常是悲劇事件。」波蘭人永遠記得在十八世紀時他們的國家受到瓜分，他們國家的殉難就像「耶穌受難」（the Christ among nations）一般。塞爾維亞人知道他們在一三八九年的科索沃戰役（battle of Kosovo）事實上是戰敗了，但是對他們的內心而言，這場對回教徒的戰役卻是精神上的勝利。因為通常人們當時關心什麼事，就會影響到集體的記憶。在較早之前，這場戰役其實只是某個更重要事件中的一個小插曲而已。但因為在十九世紀時，塞爾維亞人很努力想要爭取國家獨立，所以科索沃戰役開始出現了特殊的重要性。因此，集體記憶更在乎的其實是現在而非過去，因為這攸關一個團體如何看待自己的身分定位。而這樣的集體記憶，其內容也常常會成為彼此爭論的議題，在此讓我們借用哈布瓦赫的話：「人們之所以會經常爭辯關於群體歷史的主要象徵或精神，以及目前群體和過去的關係，主要是為了重新定義當前的群體形象。」

彼得．諾維克（Peter Novick）在他的書《美國生活中的大屠殺》（*The Holocaust in American Life*）中強烈爭論道，對於美國的猶太人而言，那段大屠殺的回憶其實是到了一九六〇年代時期，才開始成為代表一般猶太人形象的。第二次世界大戰之後，美國猶太人其實不太願意去回想那段和他們相同信仰者曾經是受害者的歷史。一些猶太人的機構組織也開始呼籲他們的人民應該要面對未來而非頻頻回頭看。但到了一九六〇年代，他們的態度開始改變，部分原因是（諾維克認為）這受害者的身分似乎能使他們獲得一些好處。另一方面是因為一九六七年和一九七三年的戰爭，同時顯示出以色列的優勢及其仍持續的弱點。

十九世紀時，錫安主義者（Zionists）開始了一個大膽的計畫，想要幫助猶太人復國，因此他們開始回顧猶太人的歷史以便尋求一些想法和幫助。在許多歷史事件中，他們發現了關於馬薩達（Masada）的故事。西元七十三年，羅馬擊潰了猶太人最後的餘黨，當時約有一千人左右的猶太男女和小孩跑到了馬薩達山頂的堡壘。當他們知道這裡即將會被擊潰時，領袖以利亞薩（Elazar Ben-Yair）告訴他們死亡會比成為羅馬人的俘虜來得好，於是他們先殺了所有的女人和小孩然後再自盡。這個故事雖然當初有被記錄下來，但是對猶太人來說本來並沒什麼重要，一直到現代才有所改變。現在馬薩達已成為一個精神象徵，顯示猶太人不願屈服於命運、有必要時不自由毋寧死的精神。而以色列獨立後，對以色列軍方及平民而言，馬薩達也成了一個聖地和精神象徵。就像一首知名的詩曾提到：「馬薩達永不淪陷！」不過近年來，由於以色列國內瀰漫著消極的心態，認為與鄰近國家和平共處是件很難的事，因此又出現了另一個關於馬薩達的集體記憶：那就是猶太人總是在敵人手中受到逼迫。

雖然集體記憶通常是基於某些過去的真實歷史而出現的，但也不絕對如此。如果去到中國，你很可能會聽到一個故事：過去上海外國租界的某公園大門，曾掛著一個牌子，上面寫著「狗與華人不得進入」。雖然這個公園是真的保留給外國人的（這件事本身就夠羞辱人了），但對中國人來說，真正侮辱的是把他們與狗相比。然而唯一麻煩的是，我們找不到關於此標語曾經存在的相關證據。當年輕的中國歷史學家於一九九四年開始對此故事表示懷疑時，官方媒體顯得很憤怒。一位知名的新聞記者寫道：「有些人不了解中國人在這些歷史事件中受到的侮辱，他們抱持懷疑的態度，甚至輕看這些過去受到羞辱的歷史史實，這是非常危險的。」

當人們述說關於自己的故事時，去質疑他們說的內容，有時候是非常危險的，因為我們對自己的身分認同其實與我們過去的歷史息息相關。這也是為什麼，當人們在處理歷史事件時（包括決定要相信哪個版本的歷史，或是選擇相信什麼而遺忘什麼），有時會引起政治上的緊張。

第四章

# 歷史與身分認同

我們之所以常會對歷史有所爭議，是因為它對現在有實質上的影響。我們會以各種方式使用歷史：例如，我們會用歷史來激勵自己達成未來目標，有時也用歷史來宣稱自己能合法擁有某些東西（例如土地）。令人難過的是，有時還會用歷史來攻擊或貶低他人。檢視過去的歷史也有可能成為一種療癒人心的方法，因為我們可能會發現一些關於自己所屬群體的新知識，而這些是過去被忽略或壓抑的。對於那些沒有權力，或是自認為沒有足夠權力的人來說，歷史可以用來為他們抗議自己被邊緣化，或是反抗那些他們不喜歡的趨勢或理念（例如全球化）。此外，人們還可以使用一些顯示了過去不公正或犯罪的歷史，來為現在要求補救或賠償。對所有人來說，不管你掌握權力或處於弱勢，歷史都能用來定義自己或為自己背書。

「我是誰？」我們常會問自己這個問題，但同樣重要的是，「我們是誰？」我們的身分大多來自於自己出生所屬的群體，或是自己後來所選擇的團體。這些特徵包括性別、種族、性取向、年紀、階級、國籍、宗教、家庭、部落、地理區域、職業等等，而當然歷史也會影響我們如何認定自己的身分。當新的自我認同方式出現時，就會有新的群體出現。例如，青少年這個族群在一九〇〇年之前幾乎不存在，那時人們不是成人就是小孩。到了二十世紀，已開發國家的孩子們留在學校的時間變長了，因此也變得比較依賴父母。青春期就成為一個銜接孩童與成人之間的轉變期。而市場當然也發現了這個商機，所以開始出現專屬青少年的衣服、音樂、雜誌、書、電視節目或廣播節目。

我們通常視自己為個體，但同樣也認知到自己是群體的一分子。有時候我們所屬的團體很小（可能只是一個大家庭），有時候則很大。班納迪克・安德森（Benedict Anderson）創造了「想像的共同體」（imagined communities）這個詞，他認為國家或宗教等團體都算是想像的共同體，有時它們如此巨大以至於我們不可能認識所有成員，卻仍然忠誠於這些團體。團體會用各種象徵來代表自己的團體，不管是旗幟、彩色T恤或是特別的歌曲。在這個尋找定位的過程中，歷史通常扮演了很重要的角色。軍隊之所以會編制軍團，就是因為他們很了解向心力的重要。這也是為什麼過去的紀念活動中，他們總是很注重軍團的歷史或是戰爭的榮耀。但不意外的是，他們所紀念的那些歷史事件，很多說法常常是單方面或是過於簡化的。

大多數美國人都知道保羅・里維爾（Paul Revere）夜奔的故事：這位勇敢的愛國者在一七七五年某個晚上，連夜騎馬趕去警告他的革命夥伴，因為英軍即將要襲擊他們。八十年後朗費羅（Henry Wadsworth Longfellow）將這個傳奇寫成了詩。可惜的是，對歷史學家而言，詩中有些重點是錯誤的。舉例來說，里維爾並沒有在老北教堂（Old North Church）的尖塔上用提燈做訊號暗示英軍的行動（亮一下就是從陸地，兩下就是從海邊而來）。相反地，是這些訊號提醒了他。然而最重要的或許是，他其實並不是依據自己的意思而行動的，這其實只是某項完整行動計畫中的一部分。在那天晚上，有許多人都騎著馬往不同的方向出發執行任務。大衛·哈克特·費希爾（David Hackett Fischer）對此做了一番研究，並寫出比朗費羅更正確的版本：「當我們對這些傳信者做了許多研究後發現，保羅·里維爾的部分很有趣。他後來扮演的角色不僅是一位遞送訊息的信差，而是成為了宣傳自由理念的精神象徵。」

歷史學家也開始在檢視關於美國西部的一些迷思。市面上有上百部關於美國西部的電影和上千本小說，都是由一些作者例如贊恩·格雷（Zane Grey，他其實只在蜜月時去過西部）和卡爾·邁（Karl May，他從來沒去過西部）等人寫的。他們為美國西部塑造了一個狂野不羈的形象，那裡有大膽的牛仔和果敢的拓荒者，他們勇敢地面對野蠻的印第安人部落。這種美國西部的形象，就彷彿是一道強而有力的魔咒，因為從美國總統羅斯福到小布希，不少美國政治人物和菁英都喜歡把自己描述為勇敢的牛仔形象。甚至連外表看起來不太可能會這樣的亨利・季辛吉（Henry Kissinger），都曾經深受西部迷思吸引。「美國人很喜歡這種牛仔的形象，他們會騎著自己的馬匹，隻身在前面帶領後面的馬車隊。」他曾這樣告訴義大利記者奧里亞娜・法拉奇（Oriana Fallaci）。「牛仔總是能在正確的地點和時間出現。」但是「真正的」西部世界（那時拱篷馬車隊行駛於尚未開發且無法可管的邊境地區），其實只維持了很短的時間，這點頗令人驚訝。這期間大約就是從一八四〇年代開始（當時越來越多拓荒者移往密蘇里河以西），到一八六九年第一條跨越大陸的鐵路開通為止。此外，當我們了解更多之後，對西部抱持的許多刻板印象也就逐漸消失了，取而代之的是一些更複雜、甚至令人幻滅的事實。當初所想像的牛仔，其實只是一些帶著槍的不良少年，要是今天他們可能就會加入幫派或被關進牢裡。比利小子（Billy the Kid）是個迷人但冷血的殺人犯。而電視劇《鐵腕明槍》（*Gunsmoke*）中的凱蒂・羅素小姐（Miss Kitty Russell）在戲中是個溫暖又迷人的酒館老闆娘，但在真實的西部地區可能就不會是如此。在西部邊境地區，像她這樣的女人經常是落魄又貧窮的妓女，也經常酗酒且身患疾病，很多後來都以自殺結束生命。

在美國，建構國家的迷思後來被更強烈的地區性迷思所取代，特別顯著的例子就是美國南部地區所持有的迷思。在南北戰爭之後，美國南方白人寫出了屬於自己獨特版本的歷史。不意外的是，在他們自己版本的歷史中，內戰前的美國南方擁有很優雅的文化，他們的男性都是紳士，而女性都是淑女，人們非常注重教養和禮儀，甚至在主人與奴隸之間也是如此。然而北方的勝利使這些文化消失了，而重建工作只帶來許多損失和退步。建立於一八九四年的邦聯女兒聯盟（the United Daughters of the Confederacy）特別重視監督學校教導的課程，以確保南方學校所教授的歷史是他們所贊成的歷史版本。教科書的出版商也順從了，因此他們發行了不同版本的美國歷史教科書：一種版本是給南方的，對奴隸制度輕描淡寫，並忽略了那些殘酷的事，另外一種版本則是給北方學校的。因此，就算是黑人在他們那被隔離的學校裡所讀到的南方歷史，也幾乎都缺少了奴隸和歧視的部分。他們被告知非洲人能來到美國是幸運的，因為他們能夠接觸到歐洲文明。教科書上還說，可惜非洲人天生資質不佳，沒有辦法好好利用這些機會。雖然黑人老師會很努力想要反對這些觀點，但這麼做不容易，因為所有課程內容都必須通過學校白人董事會的應允。

公眾的紀念活動、博物館和檔案資料也都很強調白人所描述的南方歷史。在整個南方地區，許多公共地區（例如公園或廣場）都是以當初美利堅聯盟國的英雄命名的，到處都有他們的紀念碑。一九五七年，維吉尼亞州舉辦了一場活動，慶祝他們剛到美國時的第一個定居地詹姆斯鎮（Jamestown）三百五十週年紀念。但他們所慶祝的全都是關於白人的歷史，完全沒有提到當地的印第安人，或是幾年後被帶到這裡的非洲奴隸。當年他們沒有邀請任何黑人嘉賓參與，有六個人是不小心邀錯的，而且邀請很快就被取消了。

在一九六〇年代，隨著民權運動的增長，美國南方的權力架構開始改變，而南方歷史的內容也隨之改變。每一州開始整合他們的學校，此時那些老舊內容的教科書就變得很尷尬。博物館開始在他們的演出和展覽中，確認黑人於南方的存在。當美利堅聯盟國博物館（Museum of the Confederacy）把腳鐐拿出來展示時，讓人確實感受到時代已改變。南方黑人也開始要求擁有屬於黑人歷史和民權歷史的博物館。這項任務並不容易，其原因不只是白人頑固分子的反對而已。因為黑人歷史向來都沒受到過去由白人所主導的機構的重視，因此許多南方的黑人歷史資料和文物都早已不存在了。此外，黑人也開始要求在公共場所紀念他們的黑人英雄。在維吉尼亞州的里奇蒙（Richmond，他們率先在一九七七年選出了一個黑人占多數的市議會），偉大的黑人網球選手亞瑟·艾許（Arthur Ashe）的銅像與其他許多內戰英雄一起被設置在紀念碑大道（Monument Avenue）上。而在二〇〇〇年，原本有兩座橫跨波多馬克河的橋是以偉大的內戰英雄命名的，分別是石牆・傑克森（Stonewall Jackson）和傑布・斯圖爾特（Jeb Stuart），但後來被更改為當地民權運動人士的名字以茲紀念。

近來，美國南方的白人與黑人開始想要共同享有一樣的歷史。一九九九年，黑人與白人一起站在路旁為某匾牌舉行揭幕儀式，這是為了紀念半個世紀以前有兩對黑人夫妻曾被處私刑。這也是喬治亞州第一次公開承認私刑歷史的存在。當地報紙寫道：「是時候來療癒這道傷口了。」維吉尼亞州的威廉斯堡（Williamsburg）是一個被小心維護而存留下來的殖民地歷史保護區，過去人們很少會提到這裡曾有龐大的奴隸人口，總是只提及關於白人的事，但較新版本的歷史則開始述說關於奴隸與主人之間的事。例如，在某些表演中，因為毒打逃跑奴隸的場景實在太逼真了，有時甚至會有憤怒的遊客想要加以制止。然而，並不是每個人都想見到過去歷史更完全的面貌。很多人仍然認為，歷史應該維持它們讓人振奮的角色，而非讓人感到沮喪。在維吉尼亞州，他們想建立某紀念碑來紀念某場失敗的黑人起義事件，但反對人士卻認為這是在支持暴力。

在當前這變化快速的世界裡，若能知道自己隸屬於某個團體，可提供一種安慰。無論我是基督徒、回教徒、加拿大人、蘇格蘭人或同性戀，這都表示我可以隸屬於一個更大、更穩定且存在更長久的團體。因為這團體通常早於我們之前就存在，而且可能會比我們更長久地存留下去。現在，很多人已經不相信有來世了，所以這樣的團體似乎可以承諾我們一種永遠存在的感覺。然而，身分認同卻也可能會是一種陷阱，有可能讓我們身陷牢籠或是與他人分隔。例如，英國維多利亞時期的男孩經常聽到的話語是：「別哭，你可是個英國男人。」而女人常聽到的則是，既然她們屬於某個特別團體，那麼就應該要溫柔且順服。鄰居們認為不可相信對方，因為對方是塞爾維亞人、克羅埃西亞人、回教徒或是猶太人的身分。而在多倫多（我長大的城市），新教徒和天主教徒會去上不同的學校。在以前，若某個團體的人和另一個團體的人結婚，通常會成為一樁醜聞。

歷史可以是用來強化這種想像共同體的方式之一。例如國族主義者（nationalist）常喜歡宣稱，自從模糊的遠古時代起，他們的國家就已經存在了。聖公會（Anglican Church）認為雖然他們在宗教改革運動時已經和羅馬分裂，但他們仍屬於早期教會的一個支派。事實上，無論去檢視哪一個團體，都會發現其身分認同是一個不停改變的過程，而非固定不變的。團體會隨著時間流逝而不停地重新定義自己，並會回應內部的發展改變，這有可能是宗教方面的覺醒，或是外來壓力的影響。如果你的團體受到壓迫或傷害（就如同同志團體過去和現在仍然在許多社會中所面臨的處境一樣），那也會成為你看待自己的方式之一。有時候甚至會變成：似乎在競相比較誰比誰更可憐。當美國黑人看到猶太大屠殺事件在美國獲得越來越大的關注和紀念時，他們會覺得憤恨不平。有些人會問，難道奴隸制度不也是一項罪惡嗎？

當一些以前曾被邊緣化或忽略的團體漸漸發展出自我認同之後，他們也自然而然會開始回顧過往。舉例而言，當女人和同志開始努力訴求自己的權利時，屬於他們自己的歷史就會開始漸漸發展。藉著檢視過去女性和同志如何受到不平等對待，以及他們如何面對這些問題，還有開始去發現和闡述過去女性主義和同志運動的故事等等，歷史學家不僅可以幫助他們團結起來，甚至能幫他們取得一些應得的權利作為補償。

在一九二〇年代，美國黑人教育家暨歷史學家卡特．伍德森（Carter G. Woodson）開始了黑人歷史週（Negro History Week）活動，以便破除白人對黑人的刻版印象，另一方面也強調黑人過去所做的貢獻。到了一九七〇年代，美國黑人已成功透過民權運動開始維護自己的權利，也越來越以身為黑人為榮。在一九七六年，當美國慶祝兩百年國慶時，伍德森的黑人歷史週也變成了黑人歷史月。當時的美國總統傑拉爾德．福特（Gerald Ford）也發表了善意的談話：「當踏入本世紀的最後二十五年時，我們總算見證了黑人同胞完全融入於國家的各個領域。在慶祝黑人歷史月的同時，我們可以因為見證了開國元勳的理想得以實現而感到滿足。然而我們更應該藉此機會，向那些在過去歷史中經常被忽略的黑人同胞在各方面的成就致敬。」在英國也有相似的歷史月，其目的也是為了紀念黑人對英國社會的貢獻，並鼓勵黑人能為自己的文化感到驕傲。在加拿大，一九九〇年代時期的黑人家長常抱怨地方學校對於黑人對加拿大的貢獻，並沒有足夠的教導。「美國的非洲人只是個例外，」新斯科細亞省（Nova Scotia）黑人文化中心（Black Cultural Centre）的主任這樣說道。現在，因為黑人也進入了主流，他們更需要開始知道自己的歷史。對一些黑人領袖而言，歷史是能用來面對這不友善的世界與推翻刻板印象的方法之一。在一九九五年，因為來自加拿大黑人的壓力，政府終於宣布加拿大也會有屬於自己的黑人歷史月，「這是為了紀念加拿大黑人所做的許多成就和貢獻，因為他們在歷史中曾付出許多，才讓加拿大能成為今日這樣文化多元、熱情和繁榮的國家。」

今天，聾人運動者認為聽不見並非一種殘疾，而是一項與眾不同的特徵，而他們正努力創造所謂的「耳聾之國」。他們拒絕醫療，例如人工電子耳或想訓練耳聾的孩童說話（「這是『口語至上主義』（oralism）的偏見，」他們有點輕視地說道），並堅持手語本身就是一個發展成熟的語言。他們把英文的耳聾（Deaf）這個字第一個字母大寫，就是為了表示耳聾是一種文化，而不只是失去聽力而已。學者們也發表了相關報告，並教授關於聾耳的歷史。此外還出版書籍，例如《加拿大的聾耳歷史傳承：特別、多樣與不朽的文化》（*Deaf Heritage in Canada: A Distinctive, Diverse, and Enduring Culture*）或是《英國的聾耳歷史傳承》（*Britain's Deaf Heritage*）。在一九八四年，一位叫做哈蘭・朗恩（Harlan Lane）的美國教授開始研究並發表關於過去聾人受到壓迫的歷史。雖然他自己聽得見，不過他也正在學手語。

今日那些自認為是聾耳的人士會戴上藍色的緞帶，因為這是納粹主義分子當時規定聾耳人士必須配戴的。在一九九九年澳洲舉辦的一場正式的藍色緞帶紀念會上，七位聾耳的發言人手持蠟燭講述屬於他們的文化、歷史，以及他們如何得以存活下來成為一個社群。「我們要紀念那些在口語至上主義的教育中成為犧牲者的聾耳人士，因為口語至上者經常不承認他們的手語和聾耳的老師。」他還說道：「此外我們也要謹記，過去大眾曾利用絕育和禁止聾耳人士通婚的方式，想要排除我們的存在，讓我們不要出生到這個世界上。」在最近一次於英國召開的聾耳人士會議中，朗恩告訴他的英國聽眾們，美國的語言治療師和助聽器製造商聯合起來對議員進行遊說，想要打壓弱勢的聾耳人士團體。帕迪·拉德（Paddy Ladd）同樣也是一位充滿熱情的英國學者，他自己也是聾耳人士，他讚許十九世紀的法國聾耳學者費迪南·貝帝爾（Ferdinand Berthier）想要建立國際聾耳社群的想法。但拉德說，這計畫被支持口語的帝國主義者所阻撓了。根據聾耳人士的歷史顯示，在更早之前的十八世紀下半，有一位可敬的法國牧師為聾耳孩童設立了學校，並深深了解他們應該要有屬於自己的手語。這是一段快樂的時光，甚至可稱得上是聾人歷史中的黃金時代。可惜的是（對那些聾耳運動人士來說），歷史紀錄顯示，其實這位牧師並不希望手語成為最後的目標，而認為這僅僅是過程中的一部分，他仍然希望繼續教導學生學習唇語，或甚至能夠說話。

失落的黃金時代可以成為一個有效的工具，用來刺激現代的人們。「合一」是義大利的命定，不管是過去或現在都一樣。」朱賽佩·馬志尼（Giuseppe Mazzini）是十九世紀偉大的義大利國族主義者，他心急地告訴這個處於分裂的半島國家：「國民優先（civil primacy）的夢想曾在義大利發生過兩次，分別是透過凱撒的武力和教宗的發聲而成的，而在義大利人民的手下，必能使之完成第三次實現。」馬志尼也是一個自由主義者，他相信一個由能夠自我管理者所組成的世界，將會是一個快樂、民主與和平的世界。然而他的建言中也帶著警告：「那些四十年前無法理解義大利統一的人，純粹是因為看不清歷史的帶領。但是在我們人民的榮耀之下，若有任何人將他們帶回到邦聯和獨立省份自由，那他就應被貼上背叛國家的標籤。」偉大的歷史可以是項承諾，但也可能帶來極重的負擔。墨索里尼應許要為義大利人建立第二個羅馬帝國，但事實上卻在第二次世界大戰中帶他們走向滅亡。

在十九世紀初，希臘的國族主義者和他們在歐洲的支持者都理所當然地認為，他們正在將正統希臘文明從鄂圖曼帝國中解救出來。而歷史當然會給他們第二次機會。希臘學者還寫了一些書籍，內容描述從古典的世界到現代世界之間確實有直接的關聯（但鄂圖曼帝國統治的那四個世紀則大多被忽略了）。外國學者認為這樣的看法太過簡單，但也都被他們嘲笑或無視。書面的希臘文在古典文學中是很重要的，因此歷代以來學童都必須學習這個對他們來說很陌生的語言。到了一九七六年，政府終於讓步，並讓現代希臘文成為官方語言。然而更加危險的是，過去的歷史似乎一直承諾著將來會重建希臘帝國。埃萊夫賽里奧斯・韋尼澤洛斯（Eleuthérios Venizélos）是第一次世界大戰時期偉大的希臘政治家，他有次聚集了朋友來到一張地圖前，並且在現代的國界地圖上畫出了全盛時期的古希臘範圍。他畫出的範圍包括大部分的現代土耳其、阿爾巴尼亞的一大半，以及東地中海區大部分的島嶼。他也可以把一部分的義大利畫進去，但他沒這麼做。在那個偉大理想的影響之下，他後來於一九一九年派遣希臘士兵到小亞細亞，並宣稱希臘的所有權。這麼做對希臘軍隊以及後來住在現代土耳其的無辜希臘人來說，都是場災難。後來在凱末爾的帶領下，覺醒的土耳其軍隊將希臘軍隊逼退，好幾萬困惑無助的難民（其中很多人根本不知道希臘在哪）也跟著他們一起回去。而許多土耳其人（他們和希臘人不同之處大多只是宗教不同）則為土耳其拋棄了家園。這些當時所發生的事件，現在也已成為歷史了，而且這段歷史到現在都還影響著希臘和土耳其兩國的關係。

意識形態也會呼求歷史的幫助，不過在它的手中，歷史比較像是一個預言。他們認為，那些懷抱信念的人或許曾經受苦（或許現在仍然一樣），但歷史則會不停地往一個預定好的結局走去。無論是世俗的信念（例如馬克思主義或法西斯主義），或是宗教信仰（例如好幾種信仰中都有的基要主義），他們所闡述的故事總是驚人地單純又包含一切。似乎所有的事件都能夠符合他們所敘述的宗旨，似乎所有事情都被完美地解釋了。作家亞瑟．柯斯勒（Arthur Koestler）記得，當他在那段困頓的時代發現了馬克思主義時，他感到鬆了一口氣以及無比的喜悅。當時威瑪共和國正經歷失敗，而納粹則開始獲得權力。過去、現在和未來似乎都變得可以理解了。「新的光亮似乎從四面八方照射進來，整個世界似乎突然都對了，就像拼圖的碎片突然都拼湊到正確的位置上一樣。」

馬克思相信，他發現歷史也是有規則可循的，就像科學一樣。而這表示共產主義的未來也一定會實現。他認為世界的歷史就是從原始的共產主義開始的，當時是個牧歌般的世界，獵人和採集者共享所有的東西，沒有所謂的私人財產。而馬克思承諾，歷史演變到最後也會是個類似的世界，但這次將會是一個更繁榮的世界（感謝這些新穎、現代化的各式工具）。法西斯主義也和共產主義一樣，認為自己擁有美好的未來，而他們同樣也追求呼應過去的情操和回憶。納粹利用了許多過去的迷思、傳奇和歷史人物，例如腓特烈大帝（Frederick the Great）或是腓特烈巴巴羅薩大帝（Frederick Barbarossa，十二世紀時的德意志國王），以及同時期的條頓騎士團（Teutonic Knights，他們參與的十字軍東征不只到達聖地，還包括大部分的波羅的海地區）。而這些歷史再再顯示了希臘人的天賦與永存性——這也表示他們應該要繼續擴張其勢力。「我們要在六百年前停下來的地方重新開始」，希特勒在《我的奮鬥》（*Mein Kampf*）這本書中提到，「我們要停止往南方和西方前進，並將眼光轉向東方。」當然，宗教的基要主義分子也會做同樣的事，他們會召喚信徒要回到「純真」的宗教，就像第一次獲得神聖啟示時那般純潔。他們同樣也會描繪出一幅彷彿黃金時代般的美好畫面。在那時，所有忠誠的追隨者都和睦同居，並且遵守所教導的規定。舉例而言，回教的基要主義分子想要恢復回教國王的地位，並執行回教律法（雖然說到底要選擇哪個學校所教導的版本，可能也是項困難的決定）。

雖然失敗和挫折常常出現在這些故事中，但不會挑戰其真理的地位。如果這些信徒受到阻撓，那都是因為敵人的詭計和陰謀。當然，對希特勒而言，這阻撓就是猶太人。是猶太人挑起了第一次世界大戰，還引發了布爾什維克革命（Bolshevik Revolution），並讓德國人在《凡爾賽和約》下受苦。希特勒不停地重複，他已經警告過他們，如果膽敢再引發另一次戰爭，他將會摧毀他們這些「歐洲的寄生蟲」。第二次世界大戰會發生是猶太人的錯，該是時候要好好處理他們，以便一勞永逸了。事實上，如果有任何人應該為那場戰爭負責，那應該是希特勒，但是一般的邏輯和推理無法進入他那封閉的思想系統內。另外，在一九九一年，美國電視福音布道者帕特·羅伯遜（Pat Robertson）曾警告美國總統老布希，美國對伊拉克的勝利並非真如外表看起來那樣。這麼做並不是為和平鋪路，而是通往邪惡。這一切對羅伯遜來說，顯示得如此清楚。自從一九一七年的布爾什維克革命以來，就一直存在著秘密的陰謀，欲將整個世界推向社會主義和反基督的方向。歐盟很顯然也是這場陰謀的一部分，還有聯合國也是。而波斯灣戰爭和海珊向以色列發射飛彈，只是邁向此未來的過程而已。

記得過去的邪惡，可以幫助我們維持對現在的信念。是的，或許現在看起來很黑暗，但這不正是勝利來到或天堂降臨前常會出現的景況嗎？在二〇〇一年九月十一日之後的幾個禮拜，奧薩馬·賓·拉登（Osama bin Laden）發布了一段影片，在影片中他興高采烈地講到關於世貿雙塔被摧毀的事：「我們伊斯蘭教國家遭受這樣的待遇已經長達八十多年，飽受羞辱和輕蔑，我們的子孫被殺害，鮮血流出，伊斯蘭的神聖性也被褻瀆了。」但是西方世界卻很少人知道這樣的事情。回教在現代所經歷的勢力低落，是從回教國王的地位被廢除後就開始了。一九二四年，凱末爾這位現代土耳其國家的創建者廢除了鄂圖曼帝國最後的蘇丹王及其政府，然而這件事在西方世界並沒有受到太多關注。身為哈里發（caliph），他們宣稱自己是世界回教徒的精神領袖。他們的最後一名領袖是一位溫和的詩人，後來安靜地隱居山林。對於身處於印度到中東的許多回教徒而言，這樣的廢除事件，打擊了他們想要在神的律法下統一回教世界的夢想。對賓・拉登以及其他抱持同樣想法的人而言，就是因為回教世界無法統一，才使西方勢力有機會控制中東地區，取走他們的石油，並且藉著建立以色列而奪走土地，使他們的領袖頹敗，讓一般回教徒迷失。那些沙烏地阿拉伯的領袖犯下了極大的罪行，那就是他們竟然讓美國軍隊進駐這片聖地，這裡可是回教徒最神聖領域的所在之處。其實，賓・拉登口中所說的歷史，不只是包含過去八十幾年而已。十字軍東征、摩爾人在西班牙的戰敗、十九世紀西方的帝國主義，以及二十世紀出現的許多惡行，都包含在這個回教受辱和受苦的黑暗故事裡。因為這樣的歷史故事可以讓跟隨者感到憤怒，讓他們熱血沸騰，並能吸引新血的加入。

雖然大多數人不會抱持這麼單純的世界觀，但我們也的確發現歷史能夠為我們現在做的事情辯護。二〇〇七年，加拿大總理史蒂芬・哈伯（Stephen Harper）拜訪了法國，並參與了某紀念館再開幕儀式，這座紀念館是為了紀念維米嶺戰役（Vimy Ridge）中許多戰死於一九一七年的加拿大士兵所設立的。但是加拿大人對於自己國家支持布希對抗恐怖分子的戰爭感到不安，也不樂見加拿大軍隊在阿富汗做出犧牲。然而哈伯對他自己的立場很明確：加拿大會支持華府所做的每項重大國際性決定，而且他仍會讓加拿大軍隊繼續停留在阿富汗。在演說中他強調，維米嶺一役的成功對加拿大軍方來說是很重要的勝利，對整個加拿大來說也是很偉大的時刻。「每個國家都有屬於自己的故事，」他說道，「第一次世界大戰和維米嶺戰役就是屬於我們國家的重要故事。」加拿大為了那次勝利付出了極重大的代價。但是因為他選字不是很恰當，讓他所說那些話的意思似乎擺盪在讚賞和譴責之間。他說，仍活著的人有義務去記得那些人「極大」（enormity）的犧牲，以及他們自己責任非常「重大」（enormity）（註：enormity在英文中除了巨大，也有窮凶惡極的負面意思）。這責任就是要「追隨前人的榜樣、愛自己的國家並永遠捍衛她的自由」。他還勸導現場的觀眾以及在加拿大的國民，要聆聽逝者的聲音。「我們似乎能聽到他們輕聲說著：我愛我的家庭，我愛我的同胞，我愛我的國家，我會捍衛他們的自由到底。」

在加拿大，並非每個人都同意哈伯對維米嶺戰役的看法。我們每個人對於過去及它對現在的意義，看法都不同。然而相反地，中國共產黨則盡力讓大眾對過去的歷史只有一種看法。當我那本關於尼克森總統訪問中國的書在一九七二年出版時，中國出版社表示很有興趣要翻譯此書，但是內容必須有些小更動，就是提到文化大革命和毛澤東私生活的部分必須刪掉（那本書到現在都沒有在中國出版）。雖然當時共產黨已經與毛澤東大部分的政策都撇清關係了，但仍視他為帶領共產黨革命的父親。如果質疑他的話，就會損害到共產黨自身管理中國的權力與形象。

專制政權也發現，他們可以用過去的歷史來控制當前的社會。在一九九〇年代，當中國共產黨發現共產主義思想逐漸衰微，而且人民呼求更多的民主自由時（這也導致在一九八九年發生了天安門事件），他們開始訴諸於過去的中國歷史。一九九四年，一位共產黨政府當局的成員出席了紀念黃帝的活動（黃帝被認為存在於五千年前，是所有中國人的始祖）。這活動看起來很像在崇拜祖先，然而這正是共產黨以前最嚴厲譴責的活動之一。隔年，政府當局又允許舉辦一場紀念孔子的大型會議。但在二十年前，在毛澤東的允許之下，紅衛兵卻焚燒了許多孔子的經典書籍，而且還毀壞了這位偉人的墳墓。共產黨後來也主持了一項愛國主義教育活動，根據官方說法，這活動強調「中國人民的愛國主義和英勇行為」。在幾十年前，長城還被譴責是消耗民脂民膏而建立的，現在卻成了中國生存與勝利的象徵。雖然很少提及社會主義的歡愉，但中國過去在歷史上的成就，如今被巧妙地與共產黨的統治連結在一起。「愛國精神是一種歷史概念，在社會發展的不同階段和時期，就會有不同的意涵。在現代的中國，基本上愛國精神的意涵就等於社會主義。」換句話說，對中國忠誠就等於對黨忠誠。而中國的歷史就被描述成一段中國人幾千年來一直努力想要達成統一，以及面對外來壓迫和干涉但想要繼續前進的掙扎歷史。一些事件的發生，包括中國沒順利拿到二〇〇〇年奧運主辦權、十九世紀初的鴉片戰爭、外國強力譴責天安門事件的武力鎮壓，以及日本在二十世紀的入侵，全都被解釋成帝國主義想要摧毀中國的計謀。

要在過往的歷史中找出許多令人不滿的事是很容易的，而許多國家和人民都在做這樣的事。在一九七〇年代，拉丁美洲的國族主義者將他們現在所有的問題都怪罪於殖民主義，而中國人則沉溺於他們過去在帝國主義者手下遭受的百年國恥。第一次世界大戰後，新國家南斯拉夫建立了，但這段歷史看在塞爾維亞人和克羅埃西亞人眼中，解釋方法卻不甚相同。在塞爾維亞人眼中，他們認為自己幫忙解放了位於南方的斯拉夫人，使他們得到自由，但對克羅埃西亞人來說，他們卻覺得自己被勉強帶到了一個由塞爾維亞人主導的國家，而且不願意讓他們在政府也掌握相同的主導權。

對法裔加拿大國族主義者而言，他們在一七六三年被英國占領，並承受了兩個半世紀之久的恥辱。不過他們似乎忽略了一件事，許多法裔加拿大人和英裔加拿大人之間確實存在許多合作或是友誼。在法裔加拿大人所認知的歷史中，法裔加拿大人是無辜、仁慈、支持共產主義社會且願意寬容他人的，他們在這個故事中是主角。而英裔加拿大人則是冷血、冷漠和愛斂財的，他們全部都是壞人。愛絲塔・德伊瑟（Esther Delisle）是一位魁北克的歷史學家，她曾因為想要在這樣的歷史故事中提出不同的解釋，而陷入麻煩。她認為李奧內・格魯神父（Abbé Lionel Groulx）這位知名的學者和老師，已經成為法裔加拿大國族主義者的偶像，但他們似乎故意忽略了他的反猶太主義（anti-Semitism）看法。當國族主義者強調在兩次世界大戰中，魁北克在徵兵危機中遭受的一些錯誤對待時，德伊瑟卻指出他們沒有去正視一件事，那就是在第二次世界大戰中，魁北克雖然支持納粹的維琪法國政府，卻受到極寬容的對待。根據最近關於皮耶・杜魯道（Pierre Trudeau）的資料證實，他像當時其他年輕的法國菁英一樣，在一九三九年到一九四五年間正是他們專注於事業起飛的年代，因此沒有多餘時間去注意世界上發生了什麼事。「當我在閱讀他們的回憶錄時，」德伊瑟寫道，「包括皮耶·杜魯道、傑拉德·貝魯提耶（Gérard Pelletier）、傑拉德·費里恩（Gérard Filion）和其他前途光明的法裔加拿大人，我發現我們可以確信他們在那時其實沒看到什麼、沒聽到什麼，也沒說什麼，而他們唯一有興趣的就是面對徵兵制度的掙扎（而且只有一點點興趣）……在這種沉默與謊言的背後，其原因其實不只是因為他們孤芳自賞而已，而是因為同盟國勝利了，所以他們必須隱藏自己的立場。這些人必須忘記（也讓別人忘記）他們以前曾被法西斯主義和獨裁想法吸引，以及他們當初並沒有採取反對的立場。」

過去歷史的榮光或錯誤，對現在來說可以是有效的工具，但通常必須付出濫用歷史的代價。當人們發現某些證據可能會挑戰他們喜歡的歷史觀點時，他們會故意忽略或甚至壓抑這些證據，這也是一種濫用歷史。在目前的日本，國族主義活動正火紅，因為某些考古學家想要去檢視一些過去日本皇室成員的墓地所在。這些地區的歷史有些能回溯至西元第三或第四世紀，而多年來學者們也一直提出要求希望能檢視這些地區。國族主義者之所以會感到憤怒，是因為他們相信皇室是神聖的，而且是從天照大神傳承下來的血脈。在國族主義者的眼中，日本就是一塊「神聖的土地」。然而一般的看法是，日本皇室其實源自於中國或韓國。就算這不是真的，但他們和韓國或中國之間也可能有許多通婚，因此皇室的血脈裡可能存在著許多不屬於日本人的基因。如果學者們調查後證實了這樣的假設，那麼日本國族主義信仰最重要的核心就會被摧毀。

處置這些日本皇室墓地的方式，會隨著日本當時的政治風潮而改變。當天皇只是有名無實的傀儡時，沒什麼人會去注意這些地區。但是自從十九世紀後半明治維新揭幕之後，日本開始進行大幅的現代化運動，當時天皇也成為推動這些制度的象徵性權力來源，也因此出現了一群崇拜天皇的國族主義狂熱分子。當有人發現了可能是天皇的陵墓時，政府就會趕快把那塊地買下來，並讓地主搬走。這些陵墓一直都是禁止挖掘的，直到一九四五年日本戰敗為止。當時美國占領了日本，他們也開始進行一項野心計畫，想要改變日本社會，包括改寫日本的歷史。理論上來說，禁止挖掘天皇陵墓的禁令已經取消了，而他們也確實發現許多證據顯示，中國和韓國對早期的日本文化有很深刻的影響。但是要繼續進行研究卻遇到困難，因為日本宮內廳（負責掌管天皇、皇室和皇宮相關事務的部門）堅持主張這些地區是屬於宗教性的，而且天皇的祖靈們不應該被打擾。另一方面，考古學家們則持續要求宮內廳允許他們進行全面的探查。有幾位考古學家甚至收到激進的國族主義分子寄來的死亡威脅。

擔心搜查過去的事可能會暴露什麼秘密，這樣的事不只存在於日本。一九九二年，一群在華盛頓州肯納威克（Kennewick）附近的哥倫比亞河（Columbia River）觀看水上滑艇比賽的觀眾，發現了一塊人類的頭骨。這塊頭骨（以及後來相繼發現的其他骨頭）後來引發了長達約十年的爭論。他們發現這些遺骨是屬於史前時代的，大約在九千多年前。有趣的是，這些頭骨的特徵較相似於白人而非當地原住民。這樣的發現也挑戰了當時廣被大眾接受的觀點，認為原住民是首先來到此地者，而且是美洲唯一的本地人。聯邦政府不太想要處理這樣的事情，因此他們準備將這些骨頭交給美國原住民部落，但是科學家們則要求繼續研究這些遺骨。尤馬蒂拉族（Umatilla）認為（根據他們自身的神話），他們自己才是一開始就存在於肯納威克附近的人種。「我們有從一萬年前口耳相傳下來的歷史，」某位成員說道，「我知道我們族人當時住在哪裡、在哪裡死去、在哪裡打獵捕魚以及是在哪裡被埋葬的，因為我們口耳相傳的歷史都描述得非常明確。」他們相信這塊在肯納威克附近發現的遺骨屬於他們的一位祖先，因此必須被妥善埋葬。此外，若政府允許科學家來研究這些遺骨的話，那就是美國政府在表示他們對部落神聖信仰的輕蔑。經過了八年的法律訴訟之後，法庭後來將遺骨的所有權宣判給美國陸軍工兵部隊（Army Corps of Engineers）。因為是在他們的土地上被發現的，而科學家也被賦予權利可繼續研究。

向來被群體所接受和認可的歷史一旦受到挑戰，就會讓人覺得痛苦，但這就像麥可．霍華所說的，其實是一種成熟的表徵。近年來，愛爾蘭開始接受其歷史內容上極大的改變，部分原因是愛爾蘭現在非常繁榮、成功且有自信，因此過去的受害者心態已漸漸消失了。過去那描述得過於簡單的歷史故事（愛爾蘭天主教國族主義者與北愛爾蘭新教徒及其英國支持者之間相互對立，以及兩者分別持有不同版本歷史的狀況），現在則漸漸修正成一個較為完整而複雜的歷史，而一些過去非常重視的迷思也消失了。過去，他們相信在第一次世界大戰時，只有清教徒參與了戰爭，那些國族主義者則忙於密謀叛變或爭取自由（得看你從哪個角度去看）。事實上，當時約有二十一萬的自願者從愛爾蘭到英國幫忙對抗德軍，其中大部分都是天主教徒和愛爾蘭的國族主義者。復活節起義（Easter Rising）並不是全由愛爾蘭的國族主義者發起的，而是（至少部分是）內部權力鬥爭的結果。如愛爾蘭前總統瑪麗．麥卡利斯（Mary McAleese）在最近倫敦的一場演說中所說：「過去我們歷史強調的許多事件讓我們彼此分化，但現在面對未來，我們願意積極地認為愛爾蘭將來會變得更好。我們不只會發展新的關係，也能用更舒適寬容的眼光去檢視過去，並相信將能夠發現……過去長久以來所忽略的緊密關係，以及故意疏忽的彼此間的牽絆。」

除了被曲解的歷史和被壓抑的證據之外，更糟糕的就是完全錯誤的歷史。其實，有時候其背後的動機是好的，是為了讓那些受苦的人、感到無力或受羞辱的人能建立一些自信。一九二三年，美國黑人領袖馬科斯・加維（Marcus Garvey）寫了一篇激勵人心的辯論文，其標題是《誰是黑人？什麼是黑人？》（*Who and What Is a Negro?*）。他試圖把過去奴隸制度從他們身上偷走的，還給他的同胞們——他們也和別人一樣擁有過去的歷史，希望知道他們自己是誰，以及他們過去曾做出哪些貢獻。但是，他卻又更進一步，提出了一些無法被證明的說法。「每一位有公正心智的歷史系學生，」他說道，「都應該知道黑人曾經統治世界，而那時候白人則是住在洞窟裡的野蠻人。上千位黑人學者在亞歷山卓（Alexandria）的大學教書，那裡是當時的高等學府。當時古埃及擁有世界文明，但希臘和羅馬卻搶走了埃及的藝術和文化，將所有的功勞歸於自己。」他的論點（目前仍在檯面上爭論）指出，文明就像一支火把，從撒哈拉沙漠以南的非洲地區傳到了埃及，然後希臘和羅馬則像竊賊般偷取了這文化。但是，把文明視為一種可以從某人傳遞給某人的東西，是很奇怪的看法。而認為這世界上只會存在一種文明，也不甚恰當。事實上，世界上存在著許多不同文明，且它們是流動和不停改變的。當然，希臘文明的確曾受到外來的影響，但可能是來自東方或埃及。而且並沒有太多證據能顯示埃及文明是從撒哈拉沙漠以南傳過來的。

最近，學者們試著用語言學和考古學方面的證據來支持這項論點。他們認為「雅典（Athens）」這個字原本是個非洲字，而蘇格拉底（Socrates）應該是黑人，因為某個雕像顯示他有扁平的鼻子。然而專研此領域的學者已經駁回這些證據的可信值，但是對那些非常支持加維的理論的人來說，這麼做只會更加證明歐洲自希臘時代起就一直策劃想要隱藏他們偷竊的行為，以及他們沒辦法自己創造文明的事實。根據塞內加爾歷史學者安塔迪歐普（Cheikh Anta Diop）的說法，歐洲人甚至在過去幾百年來故意留下一連串的錯誤證據。這樣的故事對歷史所能產生的影響，就像是《達文西密碼》（*The Da Vinci Code*）對基督教神學可能產生的影響。或許短時間內會讓人覺得自豪，但卻要付出一些代價。

在一九九〇年代，印度的國族主義崛起，並想要消除印度過去部分的傳統及改寫印度歷史。一九九二年，基要主義者在右翼印度政客的支持下，摧毀了一座位於印度北邊阿約提亞（Ayodhya）的十六世紀回教寺廟，因為它建在印度神祇羅摩（Rama）的出生地。受到鼓勵之後，他們又宣稱要摧毀其他與回教相關的地點，其中包括泰姬瑪哈陵（Taj Mahal）。這是因為他們希望印度只能有印度教一個宗教，而這正是印度國族主義者愛用的詞彙「印度教徒特性」（Hindutva）所表示的意思。

印度的歷史也無可避免地成為了這波活動的重要訴求元素之一。根據目前所發現的證據而歸納出的看法指出，肥沃的印度河流域於西元前三千年到西元前一千七百年之間，孕育出了哈拉帕（Harappan）文明。而當騎馬的雅利安人（Aryans）從北方南下時，這個文化就漸漸被吸收並消失了。這些雅利安人可能是和平的遷徙者，也可能是善戰的侵略者。但是這個版本的歷史對印度國族主義者來說並不恰當，因為本地的文明竟然輸給了外來者，而且這麼一來，印度文化就很可能摻雜了外人的元素。當前印度國族主義者的精神領袖馬德哈夫．戈爾瓦爾卡（Madhav Golwalkar）在一九三〇年代曾寫道：「印度人不是從其他地方來的，而是自遠古以來就生長於這塊土地的子民。」當然，這種對民族文化的發展和融合的看法，真的是過份簡單到令人詫異。畢竟，文明並不像蒼蠅一樣被永遠塵封在琥珀裡，而是像河流般會漸漸發展出許多分支。

當印度的國族主義派政黨印度人民黨（Bharatiya Janata Party）於一九九八年贏得中央權力時，他們立刻開始用自己的方式解釋歷史。他們宣稱哈拉帕文明其實就是雅利安文化。因為在哈拉帕文明的遺址上曾發現一塊陶土，上面畫有馬的圖案（但這決定性的證據後來卻發現是假的）。此外，該政府還很有自信地宣稱，哈拉帕文明比之前所認定的還要古老許多。而負責印度教育事務的人民黨部長穆利・馬諾哈・約希（Murli Manohar Joshi，任期為一九九八年到二〇〇四年）更宣稱他又發現了更古老的原始印度文明，他和他的支持者將之命名為薩拉瓦提（the Sarasvati）。但印度一位知名的歷史學家羅米拉・塔帕爾（Romila Thapar）說：「證據目前尚不明朗。」然而，他們顯然認為印度孕育了世界上第一個文明（至少對印度人民黨及其支持者來說是如此）。他們認為印度不只比其他文明更早就有各種發明和進展，她還啟蒙了其他的文化。而中國人可能會很驚訝地發現，在這些人的看法中，自己竟然也是印度戰士的後裔。另外，根據印度國族主義者的說法，印度的古老語言梵語，也是所有其他語言的母親。他們認為《吠陀經》（*The Vedas*）是用梵文寫成的最古老文本，而且是現代大部分知識的基礎，包括所有的數學。

為了確保印度的學生都能吸收這些知識，約希使用了新的課本，課本裡面強調這些「印度的」主題，例如瑜伽、梵文、占星術、吠陀數學和吠陀文化。他也想辦法讓印度國族主義者擔任學校董事會和研究中心的工作。這些人歷史方面的專業程度並不重要，只要他們深信那些過度簡單的印度歷史和文化觀點即可。位於德里且非常受人敬重的印度歷史研究學會（Indian Council of Historical Research）則被告知，學會裡專研印度早期歷史的歷史學家即將被一位工程師取代職位。但因為公眾質疑這位繼任者的資格，而他對基督教與回教的攻擊態度也不受認可，後來這件事沒能成功。

在這些看似可笑、意圖改變印度教育的企圖背後，其實存在的是心機更深的政治陰謀。印度人民黨及其支持者夢想中的印度是一個純印度教的國家，此外，其所擁有的價值觀是與印度種姓制度上層階級相同的價值觀，包括崇拜牛隻和禁吃牛肉等等。他們眼中的印度並沒有多餘空間可以容納其他宗教（例如基督教和回教），更別提種姓制度的下層階級了。印度人民黨對歷史的看法是，印度文明從初始就是等同於印度教的觀點。如果有任何微小的證據暗示古印度教曾經有所不同（例如他們曾經吃牛肉），都必須從紀錄中抹除。一位印度國族主義者承認，的確，證據顯示，遠古以前種姓制度的上層階級是吃牛肉的，但是若讓小學生知道這些事的話，會讓他們感到混亂甚至造成心理創傷。

在印度人民黨心目中，印度的印度教徒一直過著和平的生活，直到其他人（例如回教徒和英國人）來到這裡搶劫、掠奪和強迫他們改變宗教，才毀壞和分化了印度社會。新版本的教科書主要在述說這些外來者的罪行，但卻很少提到通常也很殘暴的印度統治者暴行。此外，教科書還忽略了幾世紀以來大量的證據顯示，回教徒、印度教徒、基督教徒和錫克教徒（Sikhs）——事實上，幾乎就是所有的宗教——大部分都是和平相處的，並且互相學習。當回教入侵者將蒙兀兒人（Mogul）和波斯人的藝術文化帶進印度時，這些都被當時已存在於印度的文化再次消化與吸收。蒙兀兒帝國的阿克巴（Akbar）國王因為受到其他宗教的吸引，所以曾試著想找到一個融合伊斯蘭教、印度教和基督教等元素的宗教，但他失敗了。印度獨立之後的第一任總理賈瓦拉哈爾．尼赫魯（Jawaharlal Nehru）持堅定的世俗主義立場，並且試圖讓印度成為包容多種族和多信仰的國家。這些景象在過去強調印度教徒特性的印度，是不曾出現過的。過去，回教徒一直是印度教徒的敵人，而這件事是永遠都不會改變的（除非他們改教或被處理掉）。

如果有任何歷史學家挺身指出這種印度傳統看法的缺失的話，通常就會被認為是奉行馬克思主義者或純粹是不好的印度人。可惜的是，就如同一位基要主義者所說的，印度教裡並沒有所謂的宗教裁決（fatwa）。但實際上，極端的印度國族主義者卻會表現得好像他們正在執行宗教裁決。一些學者（包括塔帕爾在內）曾出版了和印度教徒特性看法歧異的書籍，然後他們就開始收到恐嚇信甚至死亡威脅。就如同以往的例子，那些流居外國的印度人，通常也是最積極護衛他們心目中真正印度歷史與文化的人。塔帕爾在美國演講時就被跟蹤。而在倫敦的某場演講，一位印度教活動分子則丟雞蛋砸溫蒂·董妮格（Wendy Doniger）教授，因為她竟敢講授關於印度的偉大史詩《羅摩衍那》（*Ramayana*）的內容。在加州，印度家長會跑到州立學校董事會去要求改寫教科書，他們認為應該刪除一些「仇恨印度的人」所放進去的錯誤內容，包括塔帕爾和一些其他學者（如哈佛大學的麥克·魏策爾〔Michael Witzel〕）。這些家長所提出的錯誤（不意外地）包括雅利安人南遷到印度等內容。

詹姆斯·連恩（James Laine）是美國明尼蘇達州一間小型大學的學者，他寫了一本書探討十七世紀時的印度國王和英雄希瓦吉（Shivaji）的事蹟。後來，他發現自己開始遇到一些奇怪的事件，並成為國族主義者攻擊的對象。因為在這本書中，有一段故事似乎在取笑希瓦吉並非他父親的親生兒子。位於希瓦吉家鄉馬哈拉施特拉邦（Maharashtra）的右派政黨濕婆軍（Shiv Sena），後來成功讓牛津大學出版社撤銷這本書的出版。而浦那（Pune）警方的反應是控訴連恩和牛津大學出版社「蓄意挑釁及引起騷動」。印度的溫和派則非常生氣，並警告印度可能有類似「塔利班化」（Talibanisation）的傾向。

這些攻擊背後的原因，當然和過去及現在都有關係。這反映了印度社會存在著不同觀念（即印度教與世俗）的拉扯，而政客也想藉此狀況拉攏印度國族主義者。在二〇〇四年春天，印度舉辦了一場選舉，而連恩的書正好成為政客競相顯示自己相當支持印度教和印度傳統的施力點。有人甚至呼籲國際刑警組織（Interpol，International Criminal Police Organization）逮捕連恩。當時印度人民黨的首相阿塔爾·比哈里·瓦巴依（Atal Behari Vajpayee）則說外國作家必須了解一件事，那就是他們不應該損害印度的國家尊嚴。

# 第五章

# 歷史與國族主義

人們有很多方法可以定義自己，而至少在過去兩個世紀以來，國家已成為定義自己最吸引人的方式之一。了解自己隸屬於一個大家庭，或用班納迪克·安德森的話來說，了解自己屬於一個想像的社群，這股力量幾乎和法西斯主義或共產主義一樣迷人。國族主義不但使德國和義大利得以存在、並摧毀了奧匈帝國，後來還使南斯拉夫分裂。人們因此受苦並死亡，也傷害或殺害別人，而這些都是為了自己的「國家」。

歷史可提供國族主義許多燃料。它能創造集體記憶以幫助那群人創造自己的國家。無論是一起紀念國家偉大的成就或是失敗的傷痛，這些都能支撐和孕育一個國家。越是追溯以往的歷史，似乎就越能培育出堅固和長久的國家，而人們也越傾向於宣稱自己的國家是值得尊敬的。歐尼斯特·勒南（Ernest Renan）是一位法國的思想家，他曾寫了一本較早期的國族主義經典。他認為只有一個原因能成為國家之所以存在的正當理由，其他無論是血統、地理位置、語言或宗教等因素，都無法成為國家存在的理由。「一個國家，」他寫道，「就是一群團結在一起的人，他們因為過去曾做出的犧牲，或將來想要做出的奉獻而聚集在一起。」但另一位喜歡批評他的人卻這樣說：「國家就是那些因為對過去的錯誤觀念以及對鄰國的仇恨而聚集在一起的一群人。」勒南認為，國家就是因其成員們的同意而存在的。「國家的存在就像每天不斷地舉辦公民投票而形成的，就像個人的存在是因為生命不斷延續。」但是對許多國族主義者而言，並沒有所謂的自己同意這件事。當你生長於這個國家，那你就沒有權力選擇是否屬於這個國家，即使歷史因素介入時也是如此。當法國人在第一次世界大戰後宣稱萊茵蘭（Rhineland）屬於他們的時候，他們強調的理由之一是，雖然這個地區說的是德語，但他們其實是法國人。他們之前是不小心落入了被德國人統治的狀況，但他們本質上都是法國人，例如他們都熱愛葡萄酒、信仰天主教和注重生活樂趣（joie de vivre），這些證據都顯示他們其實是法國人。

勒南所嘗試解釋的是一種新的現象，因為國族主義算是人類歷史中較晚發展出來的概念。過去幾百年來，大多數歐洲人都不會將自己視為英國人（不論是英格蘭、蘇格蘭還是威爾斯）、法國人或德國人，而習慣認為自己是隸屬於一個特別的家庭、宗族、地區、宗教或同業工會。有時候他們會以自己所屬領地的領主來定義自己的身分，無論該領地屬於男爵或君王。後來，他們開始將自己定義為德國人或法國人，但其實在他們眼中除了政治上的意義，更是文化上的區分。而他們確實也不認為（像現代國族運動常主張的一樣）國家有權力在一塊特定的土地上統治他們。

過往定義自己的方式，也一直存留到了現在。第一次世界大戰後，當國際聯盟委員會（League of Nations）試圖在歐洲決定各國邊界時，他們常遇到的問題是，人們不確定自己究竟是捷克人還是斯洛伐克人，又或者是立陶宛人或波蘭人。他們常聽到的答案是，我是天主教或是東正教徒、商人或是農夫，甚至純粹只是住在這個村莊或那個村莊。達尼羅・鐸奇（Danilo Dolci）是一位義大利社會學家和社會運動者，他很驚訝地發現，在一九五〇年代那些住在西西里島內部的居民，竟然從來沒聽過義大利這個名字。雖然理論上來說，他們應該已經身為義大利國民好幾世代了。當國族主義正逐漸成為歐洲人定義自己的方式時，這些居民卻成為少數被遺漏的人。後來，因為溝通速度增快、讀寫能力普及還有都市化等因素，以及（最重要的）認為自己隸屬於某個國家的一分子是恰當與正確的，還有一個國家應該要有自己的領土和政府等思想，這些因素都促成了國族主義大潮流的形成，並在十九世紀撼動了歐洲，到了二十世紀則影響其餘的世界。

人們會談論國家的永存不朽，但國家不是由命運或神所創造的，當然更不是由歷史學家所創造的，而是因為人類的活動而產生的。這一切都在十九世紀靜靜地發生了。學者們開始研究語言，將它們分門別類成不同的家族，並試著了解這些語言可以追溯到多久以前的歷史。他們發現一些規則可以用來解釋語言的變化，並可以證實（至少他們自己感到滿意）那些有幾百年歷史的文本是用早期形式的語言所寫的，例如德文或法文。人種誌學者如格林兄弟收集了許多德國民間故事，以便證明德國在中世紀就已存在。歷史學家們努力不懈地恢復這些古老故事，並將那些他們認為對國家重要的歷史拼湊起來，就好像它們從遠古時代就已存在一樣。考古學家宣稱他們已經發現證據顯示，這些國家過去曾經存在於何處，也知道它們在大遷徙世代搬到了哪些地方。

這些研究與行動漸漸累積下來的結果，就是對於「國家是如何形成的」這件事，創造了一個不真實卻有影響力的說法。我們無法否認世界上的確有許多不同民族，他們從德國和斯拉夫等地進入了整個歐洲，並與當地的人融合，但這樣的觀點就好像認為世界像某個遊戲一樣，在某個時間點（通常是中世紀）音樂突然停止了，然後那些行進中的人突然都坐到自己的位置上，一個椅子給法國，一個給德國，還有另外一個給波蘭，而歷史從此稱他們為「國家」。例如德國歷史學家所描述的遠古德國，就是他們的祖先在羅馬帝國時期以前就快樂地住在森林裡，然後在某個時間（可能是西元第一世紀），就成為了所謂的「德國」。所以到底哪裡是屬於德國的領土呢（而且這其實是個危險的問題）？或其他

「國家」的領土又在哪？是他們現在所居住的地方嗎？或是他們剛出現於歷史中的時候所住的地方？還是兩者皆是？

如果學者們當初可以預見將來發生的事，他們當初還會這樣認為嗎？例如我們該如何看待那些創造出義大利和德國的血腥戰爭？那些分裂了原本由多國組成的奧匈帝國的激情和憤怒又該如何解釋？還有第一次世界大戰後，新舊國家競相用歷史的角度來強調解釋某一塊土地是屬於自己的狀況，以及希特勒和墨索里尼他們那隨著國家勢力升高而出現的高壓統治方式，以及競相取得最高權力和奪取他人土地的行為，又該如何看待呢？

矛盾的是，正如英國歷史學家艾瑞克·霍布斯邦（Eric Hobsbawm）所說：「國族主義是很現代的概念，但它卻為自己虛構出許多歷史和傳統。」從以往至今，國族主義所需的歷史都是從現存歷史衍生出來的，而非新的事實。這些歷史通常包含大部分的事實，不過它們傾向於認為自己的國家從以前就存在，並抱持盼望認為將來也會繼續存續下去。歷史也幫忙創造了勝利或失敗的記號，例如滑鐵盧戰役（Waterloo）、敦克爾克戰役（Dunkirk）、史達林格勒戰役（Stalingrad）、蓋茲堡戰役（Gettysburg），或是對加拿大人來說較特別的維米嶺戰役等等。他們強調過去領袖的作為，例如鐵鎚查理（Charles Martel）

在圖爾（Tours）打敗了摩爾人（the Moors）、伊莉莎白一世在普利茅斯高地面對西班牙艦隊、霍雷肖・納爾遜在特拉法加擊敗了法國艦隊、喬治・華盛頓拒絕對櫻桃樹事件說謊等等。國族主義者也經常利用宗教的身分認同。想想看那些模仿殉道者或是十字架上耶穌的戰爭紀念活動，還有為紀念十一月十一日所精心策劃的儀式。

許多現代人認為，象徵歷史悠久的紀念或儀式，其實都是經過後人加工的，因為每個年代的人都會檢視過去，並試著尋找是否有符合現在需要的事物。在一九五三年，全世界擁有電視機的人都發出讚嘆地收看那場古老的加冕典禮：君王乘坐鑲金的四輪大馬車橫越倫敦、隆重的行列隊伍進入西敏寺。還有那音樂、華麗的裝飾、坎特伯里大主教穿著高貴的袍子，以及精心策劃的加冕儀式。當時身為一個加拿大學童，我是在一本冊子上讀到這一切的。但大多數人所不知道的是，當時我們帶著崇敬的心情看到的這一切，其實是十九世紀的產物。較早期的加冕典禮其實是更草率的，有時甚至有點尷尬。當肥胖碩大的喬治四世於一八二〇年被加冕時，與他關係不合的妻子卡羅琳竟然被禁止出席典禮。而在維多利亞女王的加冕典禮中，不但神職人員頻頻出錯，坎特伯里大主教拿出來的戒指也因為太大而與女王的手指尺寸不合。到了該世紀末，因為英國變得更有影響力了，所以君主政體也成了更重要的象徵。一些與皇室有關的場合都變得更隆重浩大，也經過更仔細的彩排。他們還增加了新的儀式：例如國籍屬威爾斯的大衛．勞合．喬治（David Lloyd George）是一位積極改革的英國首相，他發現若能在古老的加納封堡（Caernarfon Castle）舉辦一場正式儀式來冊封愛德華八世為威爾斯親王，將會有很好的效果。

有些戰爭能成為國家的象徵，最有名的例子之一是科索沃戰役。在這場一三八九年的戰役中，塞爾維亞被鄂圖曼土耳其帝國打敗了。塞爾維亞的國族主義者認為這是一次世俗和精神上的失敗，但其中卻蘊含著東山再起的承諾。對塞爾維亞的國族主義者來說，造成這樣結果的原因很清楚。基督教的塞爾維亞人是因為被背叛才會輸給回教的鄂圖曼。在戰役的前一夜，當時塞爾維亞的領袖拉札爾王公（Prince Lazar）有一個異象，他認為自己已被應許將會獲得天上的王國，或是一個地上的國家。身為一位好基督徒，他選擇了前者，但毫無疑問的，他們也相信塞爾維亞有一天將會再次興起。這到底算是精神層面還是世俗層面的救贖呢？拉札爾後來被一個塞爾維亞同胞出賣，並在戰場上死去。而他的人民仍忠於此信仰，記取這次失敗並相信應許，在其後的四百年來都期盼塞爾維亞能再次復國。

這個故事的問題是，它不只過於簡化，而且其中部分內容並不受當時的歷史紀錄支持。拉札爾王公其實不是整個塞爾維亞的統治者，而只是許多王公的其中一位，他們在殘破的塞爾維亞帝國中繼續爭權奪利，而塞爾維亞帝國是由杜山王公（Prince Dusan）所建立的。有些王公已經與鄂圖曼和好了，而且成為蘇丹王的從屬者，因此他們派遣軍隊去對付拉札爾王公。我們不清楚在這場戰役中塞爾維亞人是否全部失敗，但根據當時的紀錄，他們是勝利的，但也有可能是平手，因為雙方後來暫時都沒有其他的戰爭行為。而獨立的塞爾維亞帝國也繼續存在了好幾十年。

後來，拉札爾的遺孀和鄂圖曼的修道士們，開始將這位去世的王公塑造成為塞爾維亞殉難的偉人。矛盾的是，在此同時，他的兒子卻從屬於土耳其，並為他們爭戰。幾世紀以來，拉札爾和科索沃戰役其實一直給予塞爾維亞人東正教基督徒的身分，以及象徵他們是一群使用普通語言的民族，而非獨立的塞爾維亞國家。這個故事一直和許多其他的塞爾維亞文化一起流傳於修道院中，也存在於偉大的史詩故事中，在好幾世代的歷史之間流傳了下來。後來到了十九世紀，整個歐洲地區的國族主義覺醒，而這個故事也開始特別受到注目，它讓塞爾維亞人開始積極為獨立而奮鬥，並與逐漸式微、失去勢力的鄂圖曼帝國對戰。

在十九世紀前半，塞爾維亞人用歷史來激勵自己，並在鄂圖曼帝國內第一次成功成立了自治政體，並直到後來完全獨立為止。十九世紀早期極具影響力的塞爾維亞學者吳克·卡拉季奇（Vuk Karadžić）將現代的塞爾維亞書寫語言標準化，並收集了史詩資料。但他也留下了頗具傷害性的說法，就是認為克羅埃西亞人和波士尼亞的回教徒因為幾乎說同一語言，因此也算是塞爾維亞人。伊利亞·加拉沙寧（Ilija Garašanin）是一位政治家，他做了許多事來塑造塞爾維亞的國族主義，並為新的塞爾維亞國家建立新的架構，也利用歷史將他的塞爾維亞同胞們導向命運。塞爾維亞帝國過去曾被鄂圖曼土耳其摧毀，但現在該是重建的時候了。他在一份直到二十世紀才被發現的秘密文件中提到，我們是「偉大祖先的真實繼承人」。塞爾維亞國族主義並非新思想或革命性的想法，而是舊思想開花的結果。但必須再次提起的是，這也是個危險的想法，因為他們認為克羅埃西亞和波士尼亞都是屬於他們的一分子。

要改變歷史觀念是容易的，但要動搖堅信這些思想的人卻不容易。在一九八〇和一九九〇年代，南斯拉夫解體了，舊歷史迷思又開始浮現。然而，塞爾維亞人這次也必須獨自面對一個充滿敵意的世界。一九八六年，一份來自塞爾維亞科學院（Serbian Academy of

Sciences）的文件警告，所有塞爾維亞自從第一次於一八〇四年反叛鄂圖曼帝國後所獲得的結果，都將會失去。克羅埃西亞人在克羅埃西亞共和國內威嚇塞爾維亞人，而阿爾巴尼亞人則逼迫塞爾維亞人離開科索沃地區。一九八九年，斯洛波丹．米洛塞維奇前往參與了科索沃戰役六百週年紀念，並宣稱「科索沃的英勇精神不容許我們忘記（一次也不行），我們那時是如此勇敢且有尊嚴，而且是少數進入戰場卻沒被打倒的人」。與此同時，當克羅埃西亞的國族主義者回首過往歷史時，他們認為對整個歷史而言，一個更為強大的克羅埃西亞是不可或缺的，而這需要上萬塞爾維亞人的加入。歷史並沒有摧毀南斯拉夫或伴隨解體帶來災難，這是某些人技巧性操弄造成的後果（例如米洛塞維奇）。而在克羅埃西亞，弗拉尼奧．圖季曼（Franjo Tudjman）除了幫助及鼓動那些跟隨他們的人，也威嚇那些不願表態的人。

對巴爾幹半島來說，他們「有太多歷史卻無法消化之」（這是邱吉爾的名言）。但新成立的國家則常擔心自己沒有足夠的歷史。當以色列在一九四八年建國時，他們是一個新的國家（撇開猶太人與巴勒斯坦之間長久以來的糾葛不說），他們擁有來自歐洲各地的移民，而到了一九五〇年代，也有越來越多來自中東的移民加入。如果以色列想要存續下去，建立一個鮮明的國家身分是很重要的。如果和他人一起分享共同的習俗或文化，則很難擁有屬於自己的身分。一個來自埃及的猶太人和一位來自波蘭的猶太人，他們會有什麼共同之處呢？即使是宗教也無法提供足夠的基礎。很多猶太復國主義者其實並非虔誠篤信宗教者。雖然希伯來正在復興當中，但他們尚未建立國家的正式文獻。而這也使歷史對他們來說具有特別的意義，扮演著如同膠水般的角色。在他們的獨立宣言（Declaration of Independence）中，以色列向過去的歷史尋求他們必須存在的證據。在歷史中，那塊土地是猶太人的出生之地：「在被迫離開那塊土地流浪在外之後，流離失所的這些年，他們一直保持著信念，從沒有停止禱告和盼望能再度回到那塊土地，並希望能恢復政治上的自由。」較近代的歷史也成了這個故事的一部分。猶太人已經準備好要大勢回歸：「他們讓沙漠開出花朵、重振希伯來語、建立村莊和城鎮，並興建繁榮的社區和掌控自己的經濟與文化。他們喜愛和平但也知道如何保衛自己，將進步所帶來的祝福分享給所有的國民，並熱切期盼國家獨立。」

在一九五三年，以色列國會（Israeli Knesset）通過了〈國家教育法案〉（State Education Law）和另一個法案「大屠殺紀念館」以紀念大屠殺事件。這個法案的作者是教育和文化部長本・錫安・迪諾（Ben-Zion Dinur），他早在以色列獨立之前就已經是活躍的猶太復國主義教育者和政治家，他深深認為有必要建立以色列的自主意識。他在國會中宣稱：「一個國家的自尊只存在於他們是否擁有過去的回憶，以及那個國家是否知道如何將過去的經驗與單一的個體結合在一起。」對迪諾和那些支持他的人而言（許多左派和右派人士並不如此認為），這表示應該要教導以色列人，以色列國永遠都會存在，不管在過去或永遠的未來。而且以色列已經在幾世紀以來的流放生活中存活下來了，如何取回失去的土地是很重要的。因此在這長久的歷史過程中，以色列就是扮演繼承者和頂點的角色。但迪諾的觀點也受到批評，例如有人認為他遺漏了猶太人對宗教的看法，以及他所提出的猶太歷史過於簡化。不過他的看法在以色列的學校中則非常有影響力。一項針對一九〇〇年到一九八四年間使用的教科書所做的調查顯示，猶太歷史幾乎被視為等同於以色列建立的過程，而在流放的猶太人中，猶太復國主義者所抱持的建立猶太國家的夢想，則是「最強烈和最古老」的社會運動。

國族主義仍然繼續發展中，而且有許多新國家持續出現。這些新國家也同樣發現，當要為自己做定位的時候，歷史的角色是很重要的。在一九六〇年代，沃夫岡・福爾斯坦（Wolfgang Feuerstein）這位年輕的德國學者，遇到了住在某遙遠村落的一個人，這個村落位於土耳其港口特拉布宗（Trabzon）附近的黑海南方海岸。這裡約有二十五萬人口的拉茲人（Lazi）和大部分的土耳其人一樣是回教徒，但是擁有他們自己的語言、習俗和看法。這位年輕的德國人認為他們以前一定是基督徒。他開始研究這群被歷史遺忘的人，而為了幫助他們記錄屬於自己的故事，他還為他們設計書寫用的語言。這些拉茲人也開始對自己的過去和文化產生興趣，而土耳其當局雖然本來就已經為了其他少數民族團體（例如庫德族）而煩惱，但現在也開始注意到這個問題。福爾斯坦被逮捕、毆打及驅逐出境，不過他仍然從外地將記錄拉茲故事和詩的文章寄給秘密營運的非官方學校。當拉茲族開始認識自己和過去的歷史時，他們就成了一個國家。一九九九年，屬於拉茲族的政黨成立了，並開始推動要在土耳其內建立拉茲斯坦省（Lazistan）。他們發表宣言要求推廣建立屬於拉茲的語言和文化，並鼓勵以拉茲人的觀點來研究歷史。如果我沒想錯的話，他們將來有可能會開始以歷史作為要求賠償的理由。

第六章

# 歷史的帳單

任何人若說出「你總是那樣做！」、「我是那麼相信你！」或「你欠我一次！」等話語，都算是在利用過去的歷史為現在獲得好處。而幾乎所有的人（從國家元首到一般公民），都會做出這樣的事。我們會編造過去的故事，以便顯示自己的行為總是恰當的，而敵對者永遠是壞人。我們也會傾向於認為自己通常是正確，而其他人是錯誤的。因此，不用強調也知道，這次我們當然也是對的。

在一九九〇年代，當南斯拉夫開始出現問題時，各方人士都開始訴諸於過去的歷史，來表示自己所做的是正確的。塞爾維亞人認為自己是為了護衛基督教信仰而抵禦回教徒的攻擊，並且認為他們自己解放了南方的斯拉夫人，例如克羅埃西亞人和斯洛維尼亞人。但克羅埃西亞人眼中的歷史卻不是這樣。克羅埃西亞一直是西方國家的一部分，屬於偉大的奧地利帝國（Austrian Empire）以及天主教文化。而塞爾維亞則來自落後地區和迷信的東正教世界。塞爾維亞政府開始將克羅埃西亞指涉為烏斯塔沙（Ustasha，第二次世界大戰時屠殺塞爾維亞人和猶太人的法西斯主義組織）。在塞爾維亞的的電視上，開始不停播映著關於烏斯塔沙的紀錄片，並明顯地暗示這有可能會再次發生。克羅埃西亞的總統圖季曼（就和另一位同樣是從共產黨轉為國族主義者的人米洛塞維奇一樣）則以蔑視做回應。或許烏斯塔沙過去的確犯了罪行，然而那不過是因為「克羅埃西亞身為一個國家的正當歷史欲望，就是他們想要有個獨立的家園罷了」。

當塞爾維亞軍方開始攻擊波士尼亞回教徒時，他們便試圖合理化自己無故的攻擊行為。他們告訴世界說，他們只是再次護衛西方基督教免受狂熱東方分子攻擊而已。事實上，波士尼亞回教徒不只已經大幅地世俗化了，而且大部分都是塞爾維亞人或克羅埃西亞人的後裔，但這件事卻沒有被提起。塞爾維亞的國族主義者堅持認為對方是土耳其人，或是背叛塞爾維亞和塞爾維亞東正教會的人。而克羅埃西亞當然希望看到波士尼亞回教徒能成為克羅埃西亞的天主教徒（諷刺的是，這場戰爭的效果卻是使許多波士尼亞的回教徒變得更虔誠）。

用歷史來為敵對者貼上標籤或降低他們的聲譽，一直是很有效的工具。就像左派分子對右派叫著「法西斯主義！」，而保守分子則忙著為對方貼上史達林主義或是共產黨的標籤。當以色列總理艾里爾・夏隆（Ariel Sharon）在二〇〇五年訪問紐約時，就面臨了抗議者對他叫囂「奧斯威辛集中營」（Auschwitz）以及「納粹」的狀況，因為他解散了位於加薩走廊的非法猶太聚居地。二〇〇六年一月，當希拉蕊・柯林頓開始她的總統競選活動時，她開始攻擊當時由共和黨所主導的美國眾議院。「如果你們看看他們是如何管理眾議院的話，」她告訴在哈林區那些主要是黑人的聽眾們，「他們就像在管理一座農場一樣，你們知道我的意思。」他們確實如此，而共和黨也控訴希拉蕊想要利用種族議題博取支持。

國家也用過去的歷史事件來羞辱和施壓於他人身上。舉例來說，中國人不停提到百年國恥（從一八三九年的鴉片戰爭開始到一九四九年共產黨的勝利為止）。中國人有一長串不滿的事件：包括失敗在外國人手裡（從英國到日本），一八六〇年英軍及法軍焚燒北京圓明園，外國人要求設置特許租界好讓他們在那裡賺錢，還可以生活於自己的法律下，另外還有不平等條約損害中國的自治權，以及知名的「狗與華人不得進入」的標語。當美國販售武器給台灣時，中國就開始提醒美國，他們在過去也曾支持過共產黨的敵人。當季辛吉在一九七二年夏天第一次秘密拜訪中國時，當時的中國總理周恩來就提醒他好幾次美國過去犯下的錯誤，包括在一九五四年日內瓦會議中，當時的美國國務卿約翰·福斯特·杜勒斯（John Foster Dulles）拒絕與周恩來握手。一九八一年，當時中國的領導人鄧小平則向美國抱怨他們似乎不太願意將高科技技術賣給中國：「或許問題就在於美國如何看待中國。我懷疑美國是否到現在都仍視中國為敵對國家。」

在中國共產黨的歷史裡，中國永遠都是受害者，所以也永遠不會做錯事。在它那漫長的歷史中，從來沒想過要像西方國家或日本那樣，去征服別的種族或侵略他人土地。當中國因為支持緬甸或蘇丹的恐怖政權而受到世界批評時，他們認為自己只是再次遭受不公平的對待而已。以中國的觀點來看，其他國家總是冷嘲熱諷，用侵害人權的說法來攻擊中國並干預其國內事務。例如，達賴喇嘛受到邪惡和自私的西方勢力支持，提出了一些錯誤的西藏歷史故事。中國的官方說法認為，實際上西藏原本是個落後和受宗教支配的社會，是在中國慷慨地幫助下才得以快速現代化。無論如何，中國認為西方人沒有任何道德上的權力來批評他們，因為西方自己的歷史中都包括了帝國主義、奴隸制度和大屠殺。當加拿大政府詢問一位加拿大公民玉山江（Huseyin Celil）的處置方式時（他被關在中國的監獄裡），中國再次以外國人試圖羞辱中國，但中國將會堅定立場的態度來回應。另一個使用過去的歷史為現在的行為辯護的有趣例子是二〇〇八年的夏季奧運。當時各國批評中國當局沒有像之前承諾國際奧林匹克委員會的那樣，好好地尊重人權。中國則反駁說，外國人沒有權利批評中國，因為他們不了解中國悠久的歷史。

在與日本的關係中，中國也經常使用過去的歷史。特別是在一九三七年到一九四五年日本侵華的那段歷史，以及那時留下許多紀錄的事件，例如日本軍隊在南京的暴行。事實上，日本在中國的行為和它在亞洲挑起第二次世界大戰的角色，在日本國內也成為沉痛的爭論議題，但中國政府卻認為日本仍繼續否認它的罪行。在一九九〇年代，共產黨開始推動愛國教育活動，以便鞏固自己的政治勢力，他們也開始更加攻擊日本以及他們知名的健忘情況。中國將日本描繪成一個不願悔改且繼續維持第二次世界大戰時軍國主義思想的國家，因為這樣方便讓中國為自己辯護，也可讓中國宣稱自己在亞洲居於領導地位，並破壞日本想要加入聯合國安全理事會（UN Security Council）的機會。二〇〇五年春天，在中國政府當局的默許之下（甚至可能是直接的鼓勵），幾位中國年輕人在幾座中國大城市裡攻擊了日本商人，起因是當時日本教科書刪除了所有關於南京大屠殺的部分。然而，當這些騷動不停地擴大，攻擊目標甚至轉向為什麼中國政府會在這樣的大環境下失敗時，共產黨才決定這一切都夠了。此時，國族主義的騷動才終於停了下來。然而，這些已經被攪動的高昂情緒仍持續著，而共產黨也仍然會使用國族主義這種危險的方式，來鞏固自己日漸衰微的國家權威。

有時候，現在的確能改變過去。讓我們舉一個最近出現在新聞中的例子：全世界的亞美尼亞團體都在爭論不應該讓土耳其加入歐洲聯盟，除非它願意承認曾在九十多年前犯下集體屠殺的行為。的確，在第一次世界大戰時，鄂圖曼土耳其的亞美尼亞人民曾經遭受了恐怖的迫害。當時俄國軍隊入侵土耳其，土耳其政府因為擔心亞美尼亞人會給予這些入侵者援助，因此有數萬名亞美尼亞人被迫離開自己在土耳其東北方的家園，且被送到南方。很多人沒有在這長途跋涉中生存下來，因為他們會受到當地回教徒的騷擾侵襲（通常是庫德人），而土耳其政府則是漠不關心或甚至積極鼓勵這些殺戮行為。在一些國家中（像是美國、加拿大或法國），亞美尼亞人和他們的支持者一直在敦促立法委員應該要將這些罪行視為一項種族滅絕的行為，他們認為當時土耳其的官方政策是真的想要滅絕亞美尼亞人。他們也要求當今的土耳其政府應該正式道歉。但是土耳其人則不願妥協，他們認為今天的土耳其政府不該為過去那個完全不同的政權所做的事情負責。此外他們也否認當時發生的事情是種族滅絕。這個事件使得土耳其加入歐盟這項原本就頗具爭議的問題變得更加複雜。

在第一次世界大戰之後，德國也使用歷史作為另一種武器，用來削弱《凡爾賽和約》

（這是他們與勝利的協約國所簽訂的和約）的合法性。軍事上的失敗（沒錯，就是這個原因）這個事實讓德國文人政府和國民感到非常震驚，因為他們一直被最高指揮者蒙在鼓裡。從一九一八年開始，軍方就極盡所能避免為失敗負責。他們不停地營造一種被背叛的形象：德國不是在戰場上被打敗的，而是被內部的背叛者所傷害，而這背叛者可能是社會主義者、和平主義者、猶太人或是三種人合在一起。協約國後來決定（部分原因是戰後的疲累）不入侵和占領德國（除了萊茵河西部的一小部分），此決定則讓德國人更加相信這個迷思。他們認為德國不該被視為一個戰敗國，而這個想法在他們投降後更加被強化了。德國政府與當時的美國總統伍德羅．威爾遜交換了外交照會，在這照會中他提到願意和平解決且不進行復仇。對德國而言，與協約國的停戰協議是奠基於威爾遜提出的十四點。在這十四點中描繪了一個新的和平世界，並且奠基於對正義和人權的尊重。這是否也表示協約國不會分割德國人所居住的土地，或要求高額的賠償金呢？無論如何，為了爭取能夠從輕發落，德國開始積極宣稱他們已經不是原本那個德國。獨裁的皇帝已經逃亡了，而君主政體也瓦解了。德國現在是一個共和政體，為什麼還要為前人犯的罪行付出代價呢？當德國人在一九一九年春天知道了《凡爾賽和約》的條款內容之後，他們的反應是既感到震驚又覺得遭受背叛。而當他們發現幾乎沒有協調的空間，只能在時間內完成簽署時，他們指責這個條約是被迫接受的苛刻協定（Diktat）。

在一九二〇年代，對此條約的敵意在德國的政治圈散播開來。這條約的內容被認為是苛刻且不合理的，而且大家雖然沒說出口，但心裡都認為：只要可能的話，他們應該盡力避免落入此圈套。特別讓他們難堪的是第二百三十一條款，該條款將引發這場戰爭的責任歸到德國身上。他們認為這種「戰爭罪惡感」的條款有誤導的嫌疑，是為了讓協約國能表示道德上的譴責，或許更重要的是，這還提供了他們要求賠款的法律基礎。德國代表團的領袖收到這些條款後做了一個決定，就是要刻意攻擊第二百三十一條款，而德國內部則在外交部設立了一個特別單位繼續此項工作。在一九一四年七月發生的事件，開始受到了詳細的檢視。他們特別選擇並釋出一些文件，然後顯示給那些有同情心的歷史學家看，而他們想要呈現的歷史就是整個歐洲一起開啟了戰爭。這場戰爭不是某國的錯，而是每個國家的錯。德國所必須背負的責任不會大於其他任何一個國家。

在德國國內，這樣的事件也造成了人民對協約國極大的不滿（也包含對德國政府的不滿，這些政府官員大部分是由社會主義者組成的，而正是他們簽署了條約），另外就是他們亟欲破除《凡爾賽和約》所加諸在身上的「鎖鏈」。在一九二〇年代早期，當希特勒開始在那些心生不滿的退伍軍人、極端的右翼分子和慕尼黑啤酒屋裡閒晃的人當中尋求支持時，他持續灌輸人們這種被背叛及遭受不公正對待的觀念。當他獲得機會在一群受尊敬的中產階級面前舉辦聽證會時，他的呼求對當時受挫的德國國族主義者產生了吸引力，使他獲得了合法性。然而，類似這樣對世界和平有所損害的事——也就是擅自改寫歷史——除了發生在德國，也發生在其他國家，特別是在一些英語系國家。逐漸地，像是在英國或美國，他們的領袖和公眾開始接受這樣的想法，認為德國的確受到了不公平的對待，而修正《凡爾賽和約》是很正確的作法。藉著這扭曲歷史的方法，希特勒獲得了兩方面的好處：除了讓他擁有支持者之外，也使潛在的敵對者對他採取姑息政策。

在過去的兩個世紀以來，歷史還出現了另一種重要性。人們開始利用歷史作為宣稱自己能擁有土地的一種方法，無論是在國家內還是國際之間。部分原因是，過去沒有太詳盡的紀錄能證明某塊土地曾從某一群人手上轉到另一群人手中。以加拿大的許多本國土地為例，過去曾經擁有某些土地的證據，讓他們可以用來宣稱轉讓土地所有權是非法的。此外，我們現在認為，當簽署協議或合約時，若有一方根本看不懂上面的文字，合約就不算有效。當亨利．史坦利（Henry Stanley）旅遊到剛果河，並讓當地的土著領袖在文件上簽字時，這些人其實根本不懂紙上寫的是什麼。他為比利時的利奧波德二世獲得了一大片土地。其他強權國家也都默許了這項行為，畢竟他們自己也都在做類似的事情。但今日我們會認定這樣的行為顯然是欺騙。

除非我們是宗教狂熱者，不然我們也不會相信，透過神的應許就能讓我們有權力聲稱可獲得某塊土地。其他用來宣稱自己能獲得土地的傳統方式，今天也一樣無法被接受，例如婚姻就是一個例子。當英國的查理二世王子與布拉干薩的凱薩琳（Catherine of Braganza）結婚後，她帶了孟買這個國家當作嫁妝。今天我們無法想像，如果查爾斯王子希望把康瓦爾公國（Duchy of Cornwall）送給他的新妻子，會是什麼狀況。現在的國家君王不像過去幾百年來那樣可以隨意交換土地。拿破崙可以在一八〇三年路易斯安那購地（Louisiana Purchase）事件中，將新世界的一大塊土地賣給美國，但是今天法國總統尼古拉．薩科吉（Nicolas Sarkozy）卻不能把任何一小塊土地，例如聖皮埃爾和米克隆島（St Pierre and Miquelon）賣掉。在維也納會議中（此會議終止了拿破崙的一連串戰爭），一些國家、公國、州郡和城市等被各強權用來做交易，就像一場獨占者之間的遊戲，而且沒有人認為這有什麼不對。一個世紀以後，在第一次世界大戰結束後，巴黎和會則花了許多時間和精力試圖做出決定，希望這些決定能滿足當地居民的願望（或至少能符合他們的種族淵源）。

想法是會改變的，有些兩世紀以前人們覺得完全正常可接受的事，現在則會覺得荒謬。以前戰爭和征服是用來改變國家疆界很標準的方法。如果你輸了一場戰爭，你就知道可能會失去金錢、藝術珍品、土地、武器和任何勝利者所要求的東西。後來一些想法開始廣泛傳播，例如主權國家、民主、公民權和國族主義等概念，因此即使是最無情的統治者也都至少要在表面上裝裝樣子，表示他們知道人民有權利自己做決定。當希特勒往東方進入蘇聯時，他宣稱是在遵從德國的自然與歷史途徑；當史達林在第二次世界大戰結束後把東歐納入自己的帝國時，他說蘇聯這樣做只是在回應當地人民的願望，或這只是恢復過去歷史的疆界而已；當海珊在一九九〇年占領科威特時，他試圖為自己的行為辯解，說科威特在十八世紀時就認可伊拉克的封建主地位，然而當時兩個國家根本都還不存在。歷史作為宣稱自己合法擁有某些土地的手段變得越來越重要，因為其他理由（例如婚姻或是征服）都已行不通了。

在一八七〇年到一八七一年的普法戰爭結束後，法國經歷了羞辱的失敗，德國則經歷了新生。而德國將軍堅持要獲得兩個法國省份阿爾薩斯（Alsace）和洛林（Lorraine），部分原因是將之視為戰利品，部分原因是想藉此提供一個防衛性的屏障抵禦未來法國的攻擊。德國國族主義者很樂意為自己的要求換上看似更體面的說法。在過去，阿爾薩斯和部分的洛林地區曾經是神聖羅馬帝國（Holy Roman Empire）的一部分，而且在過去統治者大多數都是德國人。路易十四曾經攻占阿爾薩斯，而路易十五曾占領洛林，但現在是時候讓它們回到原本的國家了，無論它的居民是否大多不說德語或寧願待在法國統治之下。亨利齊・馮・特萊契克（Heinrich von Treitschke）是一位德國居領導地位的歷史學家，他說德國知道什麼是對這些「落難者」最好的。這些地區的人們過去不小心淪落到法國的影響之下，但現在「我們必須恢復他們的真我，即使違反他們的意願」。一間德國報紙指出這是十九世紀版本的「嚴厲的愛」（tough love）。他們宣稱：「我們必須先使用教鞭，紀律之後就會有愛，而這可以讓他們再次成為德國人。」

在一九一九年象徵第一次世界大戰結束的巴黎和會上，證明自己的國家有合法權利獲取某塊土地是很重要的，因為那時候有很多土地等待劃分，而且大家都爭相搶奪。德國戰敗、俄國和俄羅斯帝國的崩壞以及奧匈帝國和鄂圖曼帝國的瓦解，這些事件表示整個歐洲和中東的國家疆界處於一片混亂。舊的國家（例如波蘭）開始看到機會可以將自己重新放回地圖裡，而新國家（例如捷克斯洛伐克）則有機會誕生成為新的國家。威爾遜總統的演講和到處瀰漫的民族自決氣氛，鼓舞了許多團體跑到巴黎去，在強權國家面前爭取自己的權益。

他們的爭論主要落在三大領域：第一是策略性的，因為對一個國家的安全或經濟而言，擁有一塊特定的土地是必須的。第二是民族學的，也就是某塊土地上的人民因為語言、習俗或是宗教等因素而屬於某國家。第三（通常被認為是關鍵）是歷史權利。策略性的和經濟考量的論點不一定說得通，因為鄰國也可以提出相同的理由。民族學也有點弔詭，例如以歐洲中部為例子，那裡的人民是混雜在一起的。然而，歷史觀點似乎可以帶著權威發表意見，不是嗎？歐洲（還有中東也一樣）有太多的歷史，就像邱吉爾嘲諷巴爾幹半島時說的，「多到他們消費不完」。在許多帝國和國家中，統治者和人民來來去去。如果你夠努力的話，幾乎準能從過去找到一個支持自己說法的論點。例如，義大利人聲稱他們擁有大部分的達爾馬提亞海岸（Dalmatian coast），目的是為了保住自己的亞得里亞海岸（Adriatic coast），部分是因為他們認為義大利文明比大部分的斯拉夫人優越，此外也因為威尼斯曾經統治過他們。而人性就是如此，當那些請願者來到巴黎和會時，他們仔細徹底翻查過去的歷史。這些為新興國家發聲的人所尋找的，並不是過去祖先只占領一小塊地區時的歷史。例如，許多代表波蘭來到巴黎和會的領袖（包括羅曼・德莫夫斯基〔Roman Dmowski〕），都希望至少能重建一七七二年時的疆界，那時波蘭統治現在的立陶宛（Lithuania）和白俄羅斯（Belarus）以及大部分的烏克蘭。「當德莫夫斯基談到波蘭的時候，」一位美國專家提到，「他從早上十一點開始講十四世紀，然後下午四點才講到一九一九年歷史和當時的問題。」塞爾維亞人想要恢復十四世紀時的疆界，當時他們史帝芬王（King Stephen）的王國擁有從愛琴海到多瑙河的版圖。保加利亞人則希望可以恢復十世紀時的疆界，當時他們的西緬王（Simeon）幾乎統治相同的地區。

上文提到的同一位美國專家也曾擔憂地抱怨道：「中歐地區的每個民族都有自己滿滿的統計數字資料和地圖依據。當統計數字無效時，他們就畫出彩色地圖。這需要一大篇的專文內容，才能把這場戰爭所涉及與巴黎和會所需要的各種地圖全部包含進去。」此外，我們還能看到各種對歷史的濫用。這場和會的紀錄充滿了一面倒的宣稱，而且支持這些論點的歷史證據都不是很可靠，他們輕易跳過了好幾世紀的史實、國家的起落、國家民族在整個歐洲不停地移動和改變居地，以及所有不支持他們論點的史實。他們聲稱這塊或那塊土地永遠都是屬於波蘭或義大利的。例如，塞爾維亞人和羅馬尼亞人都宣稱巴納特（Banat）是他們的，但因為巴納特正好位於兩者之間，他們就往回追溯到中世紀尋求證據支持自己的宣稱。塞爾維亞的代表說，看看巴納特的修道院，都是屬於塞爾維亞人的。羅馬尼亞人則回答說，那是因為斯拉夫人本來就比羅馬尼亞人篤信宗教。

今天，中國也利用歷史來重新進行對西藏的侵略和占領，並認為自己不是在做錯誤的事。在中國政府的眼裡，這只是重新取回自己在過往歷史的權利，而且是過去幾百年來早已確立的。台灣也是類似的例子，至少在中國的眼裡是如此。當周恩來於一九七二年對季辛吉說：「歷史也證明台灣是屬於中國的，而且此事實已經超過一千年之久了，這段時間比長島屬於美國的時間還要久。」事實上，歷史證明並沒有這回事。在西藏的例子中，達賴喇嘛們的確有時候會承認遠方中國的帝國管轄，但大多數時候，這處位於遠方的高山地區是自我管轄的。台灣和中國的關係就更疏遠了。對大多數的中國朝代而言，他們都不太理會這座遠遠位於海峽那端的島嶼。直到了最後一個朝代清朝，他們曾試著要施展一些掌控權，部分原因是這座島嶼後來成為海盜和反叛者的逃亡之處。

當人們對土地所有權發生爭執時，歷史就會出現特殊的意義。在加拿大，原住民使用書面紀錄（例如條約協定公文、口述歷史和考古學等），來取回他們宣稱是他們祖先的土地。羅馬尼亞人宣稱（正如他們於一九一九年在巴黎做的一樣），外西凡尼亞（Transylvania）這塊土地應該是他們的，因為他們是古羅馬軍團的後裔，而且待在那個地方的時間遠超過對手匈牙利人，因為匈牙利人是在第九世紀才來到這裡的。在另一個例子中，阿爾巴尼亞人宣稱科索沃是他們的，因為他們是遠古伊利里亞人（Illyrian）的後裔。他們在古典的希臘時期就廣為人知，但塞爾維亞人卻是在第十一世紀才來到此地。塞爾維亞人則反駁說，大部分在科索沃的阿爾巴尼亞人都是後來才到的，是跟著十九和二十世紀的大遷徙才來到此地的。

目前世界上最困難也最危險的土地爭論之一，就是以色列人和巴勒斯坦人彼此爭奪的那一塊土地，這塊土地以前在鄂圖曼帝國時曾經是巴勒斯坦。一直以來，這兩個國家彼此接觸的歷史都充滿著衝突。在第一次大戰期間，巴勒斯坦是否真的有百分之九十的人口是巴裔阿拉伯人，而百分之十是猶太人呢？巴勒斯坦人是否真的一次又一次拒絕與猶太人合作的機會？或是猶太人是否真的常將巴勒斯坦人拒於經濟和權力的門外？我們是否真的有可能去定義「巴勒斯坦人」呢？——果爾達・梅爾（Golda Meir）和大衛・本古里安（David Ben-Gurion）都認為不可能。在一九四八年以色列國正式成立了，然而這到底算是一場勝利還是災難呢？當巴勒斯坦難民離開時，是因為他們認為有一天將會與阿拉伯軍隊一起凱旋歸來，還是只是被迫離開？一個小小的以色列國是否真的總是受到一群毫不寬容的阿拉伯軍隊所逼迫呢？以色列能夠存留下來究竟是一個奇蹟，還是因為他們其實握有許多優勢？巴勒斯坦真的在第二次世界大戰時支持軸心國嗎？猶太復國主義（Zionism）是不是另一版本的西方殖民主義呢？

期待兩方人士對這些問題取得共識，幾乎是不可能的。因為在兩者的身分認同與爭奪巴勒斯坦的問題中，歷史事件一直扮演重要角色。以色列的歷史有很長一段時間對以色列人來說，是一段充滿啟發的過往（正如它的國父們如本・錫安・迪諾所希望的），這也讓以色列總是非常渴望能建立國家。以色列人認為巴勒斯坦地區屬於自己，是因為自從羅馬征服了最後一個獨立的猶太國家之後，一直以來都有猶太人住在那裡。他們認為，相較之下阿拉伯人較晚才來到此地，是這幾百年來慢慢從其他地方聚集過來的。此外，正如一些政治人物（如梅爾）堅持的，他們並沒有創立一個國家叫做巴勒斯坦。在一九八〇年代，一位名叫瓊・彼得絲（Joan Peters）的美國作家更進一步想要證明（但沒成功），當猶太復國主義的移民者在十九世紀末到達巴勒斯坦時，這裡完全沒有阿拉伯人存在。她宣稱，他們是被當時猶太復國主義者所創造的繁榮吸引，所以才搬進來這裡的。現代以色列雖然在困難中誕生，但卻仍設法努力勝過那眾多的阿拉伯敵人。在一九四八年之後，他們一直受到鄰國攻擊並被迫進行三場防衛性的戰爭，分別在一九五六年、一九六七年和一九七三年。他們緊緊守住被占領的地區如加薩走廊（Gaza）、約旦河西岸地區（the West Bank）和戈蘭高地（the Golan Heights），以確保自身的安全。這個版本的歷史認為，以色列希望維持和平，但是阿拉伯一開始就毫不妥協。

另一方面，巴勒斯坦和阿拉伯的歷史看法就不太一樣。在他們眼中，猶太人就像一群「強取豪奪者」，西方帝國主義者用典型的殖民政策，在二十世紀時將他們放在巴勒斯坦。以色列是在許多強權的支持下誕生的，特別是美國。而巴勒斯坦人當時已經身為一個民族好幾十年了（如果不是好幾世紀的話），他們雖然一直抵抗但卻勢力單薄，而他們的阿拉伯兄弟卻處於分裂狀態，而且與以色列密謀要奪取巴勒斯坦的土地（例如約旦和埃及）。難民們並非自願於一九四八年離開，而是被迫的，且通常是在猶太士兵槍枝的威脅下。以色列在美國強大的支持下，才是那個地區的霸凌者及好戰者。以色列拒絕歸還在一九六七年奪取的土地（即使這占領是不合法的），而且他們用類似南非種族隔離政策的方式，來對待住在占領地區的巴勒斯坦人。巴勒斯坦領袖曾懷著好意試圖和以色列協調，如果協調失敗的話（就像柯林頓總統在大衛營主持的那場協議），那都是以色列的錯。

近代歷史只是戰場的一部分，甚至根本不是最重要的。如果兩方人馬可以證明他們自己長久以來都和這塊土地有密切的關係，那麼依據之前歐洲國族主義者運動的先例，這就可以成為現在他們宣稱擁有這塊土地的所有權狀。因此以色列的移民運動者喜歡用聖經的名字猶太（Judaea）和撒馬利亞（Samaria）來描述約旦河西岸地區。就如一位忠信社群（Gush Emunim，一個較激進派的團體）的發言人女士所說的，歷史就是他們的「籌碼」。不意外的是，正如納蒂亞．阿布．艾爾哈吉（Nadia Abu El-Haj）在《事實真相》（*Facts on the Ground*）一書中指出的，考古學在以色列人和巴勒斯坦人之間的爭論有其重要性，因為它能給予確定的答案。例如，若能證明在鐵器時代這些地方是屬於以色列人的（他們征服了迦南人的土地），那麼這樣的歷史證據就能成為現代猶太人宣稱他們擁有此同一塊土地的證明。另一方面，如果那塊土地在不同時間被許多不同人擁有，那就比較難建立密不可分的關係。「這樣做是不對的，」一位巴勒斯坦的考古學家說，「在許多曾入侵巴勒斯坦的民族中，只強調一個民族的歷史，並且就這樣決定了。」此外，如果就像某些阿拉伯考古學家說的，原本住在那裡的居民是阿拉伯人，只是他們的土地被以色列搶走了呢？每個世紀發生的事都能成為爭論點之一。如果一個十世紀的鑲嵌畫是阿拉伯人的，那麼這對巴勒斯坦人的宣稱又代表什麼意義？「我們必須告訴世界這個國家是由回教徒所確立的嗎？」一位以色列上校惱怒地問一位考古學者。

在一九九〇年代，好不容易終於達成協議讓以色列從約旦河西岸的某些地區撤退，而一些考古遺跡也成為雙方爭奪所有權的項目。巴勒斯坦人要求以色列要交回這些地區的所有權，但以色列政府堅持共同管理這些重要的地區。究竟誰應該擁有那些（例如耶利哥城的）古代遺物？哪些應該要交給巴勒斯坦國家當局（Palestinian National Authority）？一九九三年，以色列文物局（the Israel Antiquities Authority）在以色列撤退之前，極為機密地派遣了超過十幾隊的考古學家到那些地區尋找古老的卷軸，「就像印第安那．瓊斯所做的那樣。」一位以色列記者輕蔑地寫道。

相對立的證據可以被模糊掉、用別的方法解釋，或甚至單純遭到忽略。一位國族主義者的以色列考古學家受到他同事強力譴責，因為他將一些顯然是基督教的地區標示為猶太人的地區。一些城市從地圖上消失了，而曾經住在那裡的人也是。當考古學家在進行挖掘時，他們開始質疑許多《舊約聖經》裡的重要事項以及其整個年表。許多基要主義基督徒和以色列人拒絕相信這些發現，或是乾脆保持冷漠不關心。許多研究古代的歷史學家和考古學家開始認為，以色列人可能從來沒居住在埃及過。如果他們曾經出過埃及的話，可能也只有少數幾個家庭這麼做而已。以色列人可能沒有征服過迦南地，而耶利哥城或許根本沒有城牆可因為吹號角而倒塌。所羅門王和大衛王的偉大王國（傳說中是從地中海延續到幼發拉底河），其實有可能只是小首領的領地。那時候的遺跡指出，耶路撒冷是個小城市，不是像《聖經》裡說的那麼一個大城市。所以齊維．赫爾佐格（Ze'ev Herzog）在知名的以色列報紙《國土報》（*Haaretz*）問到，為什麼這些關於《聖經》的疑問沒有造成一些反應，甚至在世俗的以色列也都沒有？他的結論是，他們覺得這太難以接受。「這對以色列的身分定位打擊太大，所以乾脆不要去注意。」

然而，並非所有反應都如此沉靜。納蒂亞．阿布．阿爾哈吉這位擁有巴勒斯坦血統的美國人，她遭受凶猛的攻擊，因為她認為以色列人利用考古學來強化他們對以色列的所有權。「這本書不應該出版，」亞馬遜網站上的一位評論家寫道，「這本書的目的，就是想要完全抹滅猶太人與以色列土地之間的歷史關聯。」她在巴納德學院（Barnard College）教書，而反對人士正醞釀要積極阻止她在該校獲得一份終身教職。一些已經檢視過以色列歷史的歷史學家們，正試圖釐清迷思與事實之間的關係，並挑戰一些已被接受的想法，但發現他們也身陷一些局面。沙伯塔伊・特維斯（Shabtai Teveth）是一位記者，也是為第一位以色列總理大衛・本古里安（David Ben-Gurion）寫傳記的作者，他說由歷史學家如施萊姆（Avi Shlaim）和班尼・莫利斯寫的「新歷史」（new history）其實是「混雜著扭曲、省略、偏見的看法和徹底的竄改偽造」。以色列並非唯一在過去歷史有爭議的國家民族，但因為攸關緊要的事件很多（從他們國家的身分，到是否有權居住在那塊土地等等），因此衝突可能會非常激烈。

# 第七章

# 歷史戰爭

歷史不只是記住過去的事，同時也是選擇遺忘某些事。在政治活動中，候選人會選擇不將哪些事放進他們的個人資料裡，並用這樣的方式彼此競爭。我們在私人生活中也會如此。例如，我們生氣或震驚時會說：「你從來沒告訴過我這件事」或「我從來不知道你是這樣的人」。世界上某些最困難和時間最長的戰爭，就是人們在訴求某些被故意忽略，但事實上卻不該被低估的過往歷史。當人們談論「適當」歷史的必要性時（他們常這樣做），他們真正的意思是，他們想要選擇自己喜歡的歷史版本。學校課本、大學課程、電影、書籍、戰爭回憶錄、藝廊和博物館常常引起一些爭論，而這些爭論多半是關於現在的事和他們所關切的議題，其內容份量和所謂的歷史議題幾乎一樣多。

教育下一代和為他們建立正確的看法和價值觀，是大多數社會非常重視的。而因為許多國家接收了很多外來移民（特別是西方國家），因此這個議題對他們來說更為重要。許多西方國家發現了一些證據顯示（其中特別是恐怖主義攻擊），部分外來移民對於他們現在所居住的國家的價值觀其實漠不關心，事實上，甚至有一小群人非常鄙視這些價值觀。現實生活中發生的一些事件，像是受爭議的導演西奧．梵谷（Theo van Gogh）遭到謀殺，或在多倫多發現一項恐怖陰謀，這些都讓荷蘭人和加拿大人不得不再次檢視他們與新移民的關係。還有另一件值得注意的事情是，即使是那些已融入社會的居民，也可能不夠清楚了解這個社會或其重要的價值觀。因此，一直有人在呼籲政府要教導人民關於國家的價值觀（要對這些價值觀有共識也並不總是容易，例如法國的例子就很清楚地顯示，他們對宗教寬容的想法，會與回教徒移民者擔心成為法國人和世俗者的觀念彼此衝突）。

歷史常被當成一系列的道德故事，並被人用來提升團體凝聚力或（以我的觀點來看是更防衛性的）用來解釋機構組織（例如國會）和概念（例如民主）是如何發展出來的。所以如何教導過去的歷史就成了爭議的中心點，特別是關於如何建立和傳遞適當的價值觀。危險的是，原本是好的用意卻有可能會曲解歷史，無論是因為把歷史描述得過於簡化（在其中只有黑白分明的角色），或是將它描述成一面倒的劇情（無論是關於人類的進步或是某特定團體的勝利）。這樣的歷史會把人類經驗的複雜性變得過於平面化，並且沒有留下空間容許他人用其他方法解釋歷史。

魁北克省的座右銘是「我牢記在心」（Je me souviens），而那些講法文的人也總是特別記得某些事，但經常是有選擇性的。在魁北克的學校裡教導的歷史，向來強調說法語者在說英語為主的加拿大一直處於弱勢，以及他們如何不停為自己的權益奮戰。當魁北克人黨

（Parti Québécois，支持魁北克分離主義運動）於一九九〇年代特別掌勢時，當時的教育部長寶琳．馬華（Pauline Marois，現在是黨領袖）承諾要讓高中及更年幼的學生學習歷史的時間加倍。但是走強硬路線的分離主義者並不滿意：在他們的觀點看來，課程已經包含了太多的世界歷史，並放了太多注意力在英文和省內的原住民少數群體。

說英文的加拿大人則有其他恐懼，其中包括擔心年輕的加拿大人沒有學習好歷史，以至於沒辦法讓他們為自己的國家感到自豪。每年加拿大歷史研究會都舉辦調查，並沮喪地表示加拿大人說不出自己的總理是誰，及重要事件發生的日子是哪天。一九九九年，有一群慈善家設立了歷史基金會（Historica Foundation），這個機構的任務是要填滿（就他們自己認為的）這些空白之處，並教導人們加拿大的歷史。在澳洲，約翰．霍華德是任期為一九九六年到二〇〇七年的總理，當他宣布自己已受夠澳洲歷史中那些負面的（black armband）事件時，引起了公眾譁然。這件事正好發生在一個困難的時刻，因為當時澳洲正考慮要如何處理「原住民孩童失竊的一代」事件（the Stolen Generations of Aboriginal children，他們被迫離開自己的家人並交給白人家庭撫養）。霍華德說，專業的歷史學家自認文化正確（self-appointed cultural dieticians），他們說服澳洲人認為自己的歷史是一則關於種族歧視的抱歉故事，故事中充滿了對原住民的罪行。記者和其他的評論者則訴諸於澳洲文化中強烈的反理智主義（anti-intellectualism），並歡欣快樂地攻擊「道德黑手黨」（moral mafia）和「聒噪階級」（chattering classes）。一位專欄作家說，大多數的澳洲人會很樂意看到原住民和主流社會之間的和解，只要前者願意「停止再說關於過去的事」。

在英國，人們爭論的議題是學校孩童應該學習怎樣內容的歷史？是否應該教導他們「自由和民主的社會是如何在過去幾世紀中發展出來的？」這也是保守派的肯尼斯・貝克（Kenneth Baker）擔任教育部長時想要做的，或是該教導他們那些被壓迫或被邊緣化的族群的歷史呢？要教導順序從上而下的歷史，還是由下而上回溯的歷史呢？孩童們需要學習整個歷史年表嗎？或是他們只要學習一些主題就好，例如家庭、女性、科學或科技呢？在二〇〇七年夏天，英國教育標準局（Office for Standards in Education，簡稱 Ofsted，一個審查英國學校的機構）引發了一場全國性的爭論，因為它抱怨學校教導的歷史過於片段，所以學生們不知道事情發生的先後順序。其實很多家長已經發現了這個問題，也因此讓一本為孩童寫的愛德華時期歷史書大為暢銷。《我們島嶼的故事》（*Our Island Story*）這本書理所當然地認為，英國幾百年來一直是往更好的方向邁進的，大英帝國是非常棒的，而且基本上大多時候它的看法都是正確的。書中充滿了許多故事，例如獅心理查（Richard the Lion Heart）、沃爾特・雷利爵士（Sir Walter Raleigh）和羅賓漢（Robin Hood），當然還有亞瑟王（King Arthur）。書中有好人也有壞蛋，例如前拉斐爾派的布狄卡女王畫像（當時是這樣認為）騎馬奔馳的畫像橫跨兩頁面，而她的金色頭髮則在身後飛揚。若有所思的羅伯特・布魯斯（Robert the Bruce）看著一隻蜘蛛織網，並學習到堅持不懈的重要性。還有邪惡的叔叔理查三世想殺了兩位因害怕而蜷縮在一起的小王子的故事。事實上，這不是一本非常好的歷史書，因為它完全沒講述到英國現在所重視的新多元種族和多元文化，但這樣的歷史書卻非常有趣，而且可以鼓勵孩童們多去關心自己國家過往的歷史。關於到底要教導哪一版本的歷史，通常這和某個重要問題息息相關（而這個議題今天也在許多國家爭論著），那就是如何讓外來的移民融合進接受移民的國家。在一九八〇年代和一九九〇年代，柴契爾夫人的保守黨派擔心這些外來人士沒有學習正確的英國歷史。而柴契爾夫人想要的版本是「愛國者的歷史」（patriotic history）。近來，工黨的戈登・布朗（Gordon Brown，想必他不會同意柴契爾夫人想要的歷史版本）則說想要成為英國公民的人，應該要能證明他們了解英國的歷史和文化。

美國過去總是理所當然地認為，外來的移民者一定能融入美國社會，而其中最重要的方法之一就是透過學校教育。南北戰爭這段歷史很能激發人們對於美國歷史更深的興趣，或許是因為它暴露了聯邦政府的弱點。教科書清楚展現了從當初的新殖民和制憲元勳時期到近代的美國歷史。美國有數百個強調愛國心志的協會或機構，他們總是鼓勵人們尊敬美國國旗，並舉辦遊行和慶典來紀念美國過去的重大時刻。人們會聚集在一起紀念美國的建國紀念日，也讓感恩節有了更重大的意義。白修德（Theodore White）是一位卓越的記者，他記得小時候和同學一起（他們是從中歐來的猶太裔移民）扮演的戲劇，就是清教徒移民和當地印第安人之間第一場會面的情景。對他而言，那也是成為美國人的過程之一。後來的陣亡將士紀念日（Memorial Day）是在美國內戰之後宣布的，也成為了紀念軍人的一個重要日子。在許多州，法律不但要求學校教導美國歷史和公民教育，且要用一種能夠激發愛國主義的觀點來教導。他們會自行指派監護人檢查這些教科書，以便確保書上傳達的都是正確的資訊。亞瑟．史列辛格是在兩次世界大戰之間一位偉大的歷史學家，但他受到芝加哥愛爾蘭裔的政客們嚴厲的批評。因為以他們的觀點看來，他們認為他寫的教科書不適當地宣傳英國政府和他們的制度習俗。一九二七年，市長把他的一本「涉及叛國嫌疑」的書公開燒毀了。

歷史對美國人來說，與他們如何看待自己，和如何讓外來移民者融入社會都有很大的關係。因此關於學校的教科書和課程，也一直存在許多爭議。一九九〇年，老布希總統無意間引發了一項爭議，當時他宣布聯邦政府教會和州長將一起合作建立國家教育目標（National Education Goals），部分原因是為了確保美國學生可以在世界上有競爭力，因為教育在世界上變得越來越重要，另一方面也是為了預備使他們將來成為好公民。一九九三年柯林頓政府接手後，他們也繼續這個專案。這當中有許多重要的科目，而除了英文、數學、科學和地理之外，歷史也是完成此目標的重要科目之一。在經歷許多爭論和諮詢以後，國家歷史標準委員會（the National Council for History Standards）為美國和世界歷史建立了一套指引方針，各州相關單位可以依據自己的意願選擇接受或拒絕。雖然在多元文化主義和非西方文化方面會承受較多的壓力，但那些負責製作這些指引的人覺得非常有信心，他們相信自己成功訴說了關於美國的歷史故事，並且可以吸引學生的興趣。此外，他們還納入了一些過去被忽略的歷史主題，例如女性和黑人的歷史。

就在文件要發表不久之前，迪克・錢尼（Dick Cheney）的妻子琳恩・錢尼（Lynne

Cheney，她也是一位保守的共和黨員）進行了一次所謂的先發制人的攻擊，這在布希總統第二次執政期內是很熟悉的說法。在《華爾街日報》的一篇文章中，她強烈反對所提出的新標準，因為她認為此新標準會讓美國歷史給人一種「無情又陰暗」的印象。在她看來，這是一群政治正確的教授們，因為討厭傳統政治與年代紀式歷史，因而創造出另一版本的歷史故事，在這樣的故事裡，三K黨（Ku Klux Klan）會獲得比丹尼爾・韋伯斯特（Daniel Webster）或阿爾伯特・愛因斯坦（Albert Einstein）更多的注意力。一位右翼的電台主持人拉什・林博（Rush Limbaugh）也因愛國主義的驅使而感到非常激動。他說，那些負責國家歷史標準的歷史學家們，下定決心要灌輸年輕人一些信念，那就是「我們的國家是天生邪惡」。其他人（包括國會成員）的看法也相去不遠。兩位改過自新的罪犯高登・里迪（G. Gordon Liddy）和奧利弗・諾斯（Oliver North）（他們現在是電台節目主持人）說這是「來自地獄的標準」。華盛頓州的參議員斯雷德・戈登（Slade Gorton）在國會裡譴責這個標準，認為它蓄意攻擊西方文化。在一九九五年的秋天，正準備爭取共和黨總統候選人提名的參議員鮑伯・杜爾（Bob Dole）則更進一步。他說這個標準是離經叛道的，「比外來的敵人更糟糕」。

這樣的攻擊也開始有了回應。事實上，美國發現自己陷入了全國性且影響深遠的爭議，就是關於歷史到底是什麼，以及歷史應該為誰而效力。老師們和專業的歷史學家很樂見歷史這門科目重新恢復了它在學校課程中的重要地位。自由主義者覺得這個標準能夠反映新的以及更加多元化的美國形象。但許多人純粹只是喜歡它所強調的內容，以及依時間順序排列的年代表。《洛杉磯時報》也表示贊成：「希望大學畢業生真的可以全部擁有那些憲法所設立的知識標準。」最後，經過了更多的討論和改版之後，在一九九六年公布了新的指導原則，包括了一些新的內容，就是學生們必須自己去探索歷史中一些具爭議的部分。

大眾對於歷史標準的爭議，其實常常不只是圍繞著學校課程部分而已。美國曾經不確定自己在冷戰後的世界應該扮演什麼樣的角色，也不知道該如何面對自己的社會人民。新保守黨派人士害怕美國不再想要使用它的巨大權力。在國內，保守的美國人發現家庭價值觀變得低落，其中最具代表性意義的就是合法的墮胎。很多美國人擔心，美國是否還擁有自己的核心身分認同。許多新的外來移民已經不再想要融入美國社會。例如從西班牙來的移民就堅持要保有自己的語言，甚至想要有說西班牙文的學校。一些大學放棄了他們傳統的西方文明課程，而美國歷史課程也逐漸把重點放在文化和社會歷史。如果美國人對歷史沒辦法擁有共同的觀點，那麼政府座右銘「合眾為一」（*E pluribus unum*）所傳達的夢想還有意義嗎？它的意思會不會變成代表「一盤散沙」（Out of the one, Many），而不是相反的意思。雖然那些對於國家歷史標準的公憤逐漸平息了（事實上他們被廣泛接納了），但是那些恐懼仍然存在。二〇〇四年，受人尊敬的歷史學家山繆爾・杭廷頓（Samuel Huntington）出版了一本令人感到憂鬱的書《誰是美國人》（*Who are we?*）。在書中他說道，那些「解構主義者的計畫」高舉團體和地區性的歷史，卻犧牲了國家的歷史。他還警告：「人類若失去這種國家性的共同回憶，將無法成為一個國家。」

不過對一些缺乏自信的國家（無論因為什麼原因）而言，如何教導歷史可能成為一個更敏感的話題。在土耳其，政府對學校課程有很大的興趣。如果有歷史學家敢為土耳其的弱勢團體歷史爭取更多注意力，或誰敢提到第一次世界大戰時亞美尼亞種族曾面臨滅絕，可能會發現他們自己陷入一些麻煩。在俄羅斯，總統普丁很想要寫一本新的「愛國版本」的歷史課本，並讓學校使用這本課本。他發放補助金給一些他批准的作者（其中一位之前是馬克思—列寧主義教授，後來轉型成歷史學家），而他們政府也被賦予權力能決定學校要使用哪個版本的教科書。二〇〇七年六月，在克里姆林宮舉辦的教師會議中，普丁讚美了這些新的教科書。「許多學校教科書是由那些曾獲得外國獎金的人所寫的，」他這樣說道，「但他們是拿別人的錢做事，你們懂嗎？」為了避免這些老師們沒聽到他所強調的重點，他還告訴他們該是時候擺脫「泥沼」了，並且應該要用更寬廣的國族主義觀點來看待過往歷史。他說，新的教科書會正確呈現史達林的樣貌及他在俄羅斯歷史的地位。普丁也對老師們承認，過去的確有一些「問題事件」存在於俄羅斯的歷史，但是已經比其他國家少很多了（看看美國在越南的表現就知道）。沒錯，史達林是個獨裁者，但對那個時候而言是必要的，那是為了拯救俄羅斯脫離敵人。在冷戰這個特別令人感到掙扎的時刻（根據他們說法是由美國所引起的），「民主並不是個好的選擇」。

在中國，黨的宣傳機關和教育部門也密切注視著學校，以確保他們教導學生的歷史內容是強調中國過去在帝國主義者的手下受苦，而且是歷史選擇了共產黨帶領中國進入現在這個美好的境界（在以往皇帝統治下的中國，成為皇帝是一種天命，意思其實差不多）。最近，中國政府當局停刊了一本叫做《冰點》（*Freezing Point*）的雜誌，因為它刊登了一篇由袁偉時寫的文章。袁偉時是一位知名的中國歷史學家，在文章中他提到高中的教科書充滿了錯誤和扭曲失真。此外，這些教科書教導的中國歷史是過度偏頗的，會讓人以為中國文明優於其他所有國家，而且視外國文化為一種威脅。而真正讓他和雜誌社陷入困境的是，因為他們認為中國利用歷史來為一些事情辯護，也就是使用政治權力甚至暴力來強制規範人民的行為。但是中國政府說，袁教授的觀點不只離經叛道，而且故意攻擊「社會主義及黨的領袖」。

在上海，一群學者大膽地製作了新的學校教科書，這些教科書不將太多重點放在舊的中國共產黨歷史（例如帝國主義對他們的掠奪以及中國共產黨的興起），而將注意力放在其他文化以及一些主題，例如科技和經濟。這個版本的教科書甚至教導學生，對於過去的歷史可以擁有不同的觀點。然而他們犯下的錯誤就是，不夠重視毛澤東的地位。《紐約時報》刊登了一篇標題為〈毛澤東去哪了?〉（Where's Mao?）的文章，並在文中提到中國過去平面的歷史有了進步，中國政府當局開始採取行動了。「上海的教科書偏離了馬克思主義的歷史唯物主義，且單純只描述事件，卻沒有解釋它們的本質。在政治、理論和學術面向都有嚴重的錯誤。」這些教科書因此被禁用了。

幸運的是，教導歷史也可能讓事情變得更好。在南非，種族隔離政策結束之後，學校作為全國真相與和解專案的參與機構，他們試著呈現另一版本的歷史，希望內容能包含整個南非。在愛爾蘭共和國，過去也有類似受到政治壓迫與管轄的情況。在他們學校所教的歷史是很簡化的：國家過去受到八百年的壓迫，然後在一九二〇年代愛爾蘭國族主義獲得勝利。凡是與此版本不合的事件（例如國族主義分子之間的內戰）都被忽略了。今天，正如他們總統所指出的，學校開始教導更完整且更全面的歷史，讓學生知道檢視過去的方式可能不只一種。

其實，學校只是其中一個戰場。在澳洲，約翰·霍華德和其他保守派的媒體也批評新的澳洲國家博物館，因為博物館所呈現的歷史只強調澳洲白人對原住民的種族屠殺，卻沒有強調建造這個國家的偉大探險家和企業家。博物館（特別是那些與歷史相關的）在我們心中占據了一個特別的位置。不過這些博物館的目的究竟是要紀念過去還是要教導歷史？是要回答問題還是提出問題？在許多國家，這些問題的答案並不清楚。例如在中國，他們有所謂的紀念第二次世界大戰的博物館，但實際上比較像是杜莎夫人（Madame Tussauds）蠟像館而非皇家安大略博物館（Royal Ontario Museum）或大英博物館（British Museum）。他們不是把標示好的物品放在玻璃櫃裡，而是呈現一些過去的場景。例如日本士兵用刺刀攻擊中國人民或是日本醫生在中國人身上做一些非法實驗的景況。博物館和紀念館之間的差別非常模糊，也常會對於究竟如何表現和詮釋過去的歷史，引發一些憤怒的爭議。

一九九四年，關於國家歷史標準的爭議越來越激烈，華盛頓的史密森尼學會（Smithsonian Institution）開始計畫一個展覽，以紀念第二次世界大戰的結束。展覽的其中一個收藏品是B－29轟炸機，當時就是這架轟炸機把原子彈丟在廣島的。這架轟炸機的名字叫做艾諾拉．蓋（Enola Gay），是它的駕駛員以母親的名字命名的。它後來成為爭議的中心點，因為管理者認為來參觀展覽的人可能會思考使用世界上最新和最具毀滅性的武器來攻擊敵人，這其中所涉及的道德爭議。這個展覽的部分展示品是從廣島和長崎的瓦礫堆中收集來的殘餘物品。雖然博物館已經事先諮詢了相關團體（包括退伍軍人協會和一些歷史學家），但仍然無法避免後來發生的爭議。

史密森尼學會的管理者們試圖（或許算是有點天真）使用艾諾拉．蓋號來向大眾提出疑問，就是關於現代戰爭的本質以及核子武器的角色等問題。他們也希望能夠告訴社會大眾，將原子彈投放在廣島和長崎的決定在當時是具有爭議的，而且現在仍然如此。但這開放探討爭議議題的態度，卻和某些人士相衝突。反對人士強烈認為國家航空與太空博物館

（the National Air and Space Museum）的存在不是引發民眾爭議，而是要紀念美國空軍的榮耀以及再次強調美國的愛國主義。新保守派分子控訴史密森尼學會和自由派歷史學家，說他們藉由暗示廣島原子彈問題的道德爭議，來攻擊美國在第二次世界大戰的紀錄和美國社會。《華盛頓時報》則發現一件詭異的事，就是其主要管理者是一位加拿大人和前教授。退伍軍人對於那些暗示他們這場戰爭並非完全正確的說法感到憤怒。這個展覽的第一份文宣包含兩個句子（後來被刪除了），這兩句後來一直被用來強調和譴責史密森尼學會意圖改寫歷史。較早版本的歷史認為對大多數美國人而言，與日本的那場戰爭「基本上和對德國與義大利的那場不同，這是一場復仇之戰」。（諷刺的是，某些批評史密森尼學會的人認為，這場展覽應該要把日本暴行的歷史放進去，例如南京大屠殺和巴丹死亡行軍。）更糟的是，從退伍軍人和他們支持者的觀點看來，當時那文宣似乎在表示對大多數日本人而言，「這是一場保衛他們自己獨特文化不受西方帝國主義影響的戰爭」。美國空軍協會（the American Air Force Association）則控訴，這場展覽是在宣稱美國和日本在這場戰爭裡所抱持的道德正確程度是相同的。從美國空軍協會的觀點來看，這說法是對美國空軍價值的「攻擊」。

國會成員、報紙和右翼電台節目都開始熱心地跳進來控訴史密森尼學會是在糟蹋美國的榮光以及他們的戰爭英雄。喬治・威爾（George Will）說史密森尼學會和國家歷史標準都同樣受到了「校園內奇怪的反美國主義」的影響。帕特・布坎南（Pat Buchanan）當時很快就要宣布角逐一九九六年的共和黨總統提名資格，他認為這個展覽是「不停地想灌輸美國年輕人思想，讓他們對美國過去歷史產生反感的活動」。南希・凱斯鮑姆（Nancy Kassebaum）是來自堪薩斯的一位共和黨議員，她在參議院提出一項決議，就是要宣布那個展覽的文宣是唐突無禮的，並且指示國家航空與太空博物館不需要去質疑「那些為了自由奉獻生命的人的價值」。因為當時選舉在即，沒有人會投票反對這樣的訴求。史密森尼學會逐漸讓步，不停重新設計文宣和展覽，但是攻擊聲浪卻仍持續增加。一九九五年一月，它取消了展覽活動。好幾個月後，國家航空與太空博物館的負責人也辭職了。

加拿大也經歷了類似的爭議，而且也是關於幾間博物館選擇用什麼方式紀念第二次世界大戰的議題。二〇〇五年，當新的戰爭博物館在渥太華開幕時，它受到廣大的歡迎。這是一棟宏偉的建築，且有各樣詳盡與規劃良好的展覽。它展示了加拿大各個時期的戰爭紀念，從較早時期的到二十一世紀在阿富汗的活動。然而，這個博物館幾乎立刻就遇到問題，因為它其中一部分的展覽是關於一九三九年到一九四五年之間對德國的空襲事件。就如我之前提到的，匾牌上面寫的標題是「永遠的爭議」，這讓退役軍人與他們的支持者感到不悅。因為它讓大家開始關切當初英國皇家空軍（the Royal Air Force）的轟炸司令部（Bomber Command）提出的空投策略之功效和道德性，也質疑帶領此任務的領袖亞瑟·哈里斯爵士（Sir Arthur “Bomber” Harris，人稱轟炸機哈里斯）的看法。這次空襲活動藉著轟炸德國的工業區以及平民區，用以毀壞德國反擊的能力。退役軍人們對於展示遭受轟炸死亡的德國人和斷垣殘壁的照片也感到不滿。

這個議題幾乎一定會面臨退役軍人的抗議，因為當初許多加拿大人（大約兩萬人）和英國皇家空軍的轟炸司令部一起出發，且約有一萬人死亡。此外，退役軍人們在大約十年前也參與過一場類似的爭議。加拿大廣播公司在一九九二年播出一系列的電視節目，此節目內容與加拿大參與第二次世界大戰相關。《勇氣與恐懼》（*The Valour and the Horror*）節目的部分內容暗示加拿大的空軍雖然非常勇敢，卻在他們毫無顧忌的領袖的帶領下，執行了一項道德上有爭議的空襲轟炸任務。退役軍人們提出了請願，並寫信去反對此系列節目和CBC電視台。國會的保守派成員則在下議院提出充滿敵意的問題，且原本立場不明確的參議院退伍軍人事務小組委員會（Senate Subcommittee on Veterans Affairs）也開始了一連串聽證會。在一九九三年夏天之前，某個空軍退伍軍人的團體開始控告製作這些節目的人，認為他們造成許多傷害。這些退伍軍人的律師認為，其實這是很簡單的事情，就是純粹的「對與錯、好與壞、黑與白、真理與錯謬」。這項訴訟後來上到了最高法院，並以特例裁決之。CBC電視台承諾那些退役軍人不會再重播這系列節目。

既然退伍軍人和他們的支持者贏了這場關於CBC電視節目的戰爭，且結果讓他們感到滿意，他們現在更準備好要面對關於空襲展覽的爭議。《軍團雜誌》（*Legion Magazine*）上面有一篇標題為〈和博物館一起面對戰爭〉（At War with the Museum）的文章說道：「戰爭博物館處理展覽的方式非常草率和傷人，因此許多空軍退役軍人覺得他們和同伴似乎被指控為是不道德的，甚至是罪犯。而且這個指責他們的機構所隸屬的政府，正是當初派遣他們去執行這項恐怖任務的同一個政府。」接著，開始有許多人寫信控訴這個博物館指責那些加拿大的飛行員是罪犯。他們也再次強調當初曾經參與事件的當事人所知道的，一定比後來才去調查事件的人清楚。渥太華當局認為，這些退伍軍人的勢力龐大，因此他們已經準備好要在事情失控前作出妥協。為了緩和輿論批評，博物館管理者找來了四位外來的歷史學家（我是其中一位），並請他們針對展覽給予建議。然而，這四位學者之間也彼此分裂了。其中兩位想要維護他們的專業水準，因此他們說，是的，關於這次空襲行動的確有爭議，只是呈現的方法「不夠平衡」。其中一位問道，是否真的有必要讓來訪者牽涉在如此複雜的爭議中？是否最好由專家們來解決就好？「如果我們必須提出這樣的問題的話，」他提出結論道，「那麼答案當然是否定的。」另外兩位歷史學家的觀點則是，博物館應該是一個讓人學習的地方，當爭議出現時，就要坦白地呈現出來。我認為：「歷史不是因為想讓活在現代的人感覺良好而寫的，而是應該用來提醒我們，所有關於人類的事件是很複雜的。」

參議院退伍軍人事務小組委員會改變了過去慣常被動的態度，並在二〇〇七年春天舉辦了一系列的公聽會，在其中，退伍軍人們扮演了非常重要的角色。他們提出報告給戰爭博物館，建議博物館應該採取行動，處理與退伍軍人之間的爭議。他們說，博物館應該「考慮用其他方法，把這些物品用歷史正確的方法呈現出來，並應該盡量除去空軍退伍軍人們感受到的羞辱，並避免將來可能讓公眾有進一步誤解這些展覽的可能性」。這些說法所表示的意思很快就讓人明白了。戰爭博物館的管理者在情況尚未明朗的狀況下就離開了，不久之後，博物館宣布他們將會在諮詢過那些退伍軍人之後，為展覽的文宣措辭做些修正。克理夫・查德頓（Cliff Chadderton）是當時加拿大的國家退伍軍人議事協會（National Council of Veteran Associations）主席，他雖然勝利了，但卻毫不寬容。「我們不知道他們為何花這麼久的時間修改，因為那匾牌上的文字顯然是錯誤的。」他說，如果修改後的文字仍讓他們不滿意，他們還會繼續抗議。

和許多其他國家一樣，加拿大也對一些國定假日有爭議。很多人反對自治領日（Dominion Day），它是為了慶祝當初加拿大在大英帝國管轄下成立了自治政府而設立的節日，後來在一九八二年改為加拿大日（Canada Day）。其他人則認為，既然這一天是為了慶祝加拿大完全脫離英國獨立，那麼新名字正好能代表這種完整國家的意義。在美國，哥倫布日（Columbus Day）在近年造成了更多爭議。這個節日原本是為了紀念克里斯多福・哥倫布（Christopher Columbus）在一四九二年十月發現（這個詞現在也具有爭議）新世界（這又是另一個爭論的點），現在卻讓美國原住民感到非常不悅。因為他們認為當初哥倫布的來到對他們而言是非常不好的一件事，而哥倫布本人則是個凶殘的暴徒，但義大利裔的美國人則抱持相反的看法。委內瑞拉的前總統烏戈・查維茲（Hugo Chavez）絕對會毫不遲疑地跳上遊行隊伍的花車——如果他知道這能使他獲得名聲，且能同時讓美國感到惱怒的話。他將自己國家這個節日的名稱更改成原住民反抗日（Indigenous Resistance Day）。慶祝哥倫布登陸加勒比海地區的五百週年紀念更是令人感到微妙。在一九九二年即將到來之際，三百位美國原住民聚集於基多，談論他們五百多年來的抵擋心態。在美國，新教徒的國家基督教會聯合會（National Council of Church）想藉由談論關於入侵、種族滅絕、奴役、「生態滅絕」和開發土地等這些哥倫布真正留給後人的東西，做出改善。雷根政府不喜歡這種關於政治修正的戰爭，因此很快就將此官方紀念活動改成紀念性質、而非慶祝性質的節日。但是這並沒有阻止保守派繼續在大學或其他地方控訴自由主義派，並說他們因為痛恨美國，所以想要否認美國擁有來自歐洲的血脈根源。

過去的歷史越複雜，紀念的時候越困難。例如當初西德（那時尚未統一）沒辦法決定如何慶祝腓特烈大帝逝世兩百週年紀念。他們是要紀念那些學者還是士兵呢？腓特烈大帝究竟是一位啟蒙的代表人物，還是一位類似希特勒的前身？幾乎在法國的每個人都同意，一九八九年是法國大革命的兩百年紀念，應該要好好慶祝。但是這場革命究竟代表什麼意義呢？是為了慶祝自由、平等和博愛，還是要紀念那些恐怖活動？那些應該負責紀念活動的委員會成員，除了彼此間爭吵之外，也和政府意見歧異。後來，這國家性的慶祝會是由一位專業表演者來接手的，他在巴黎弄了一場令人驚嘆又特別的遊行，稱為「地球各種族的慶典」（the Festival of the Planet's Tribes）。遊行有稀奇古怪的雞、非洲鼓、俄羅斯士兵行進於人造的雪花中、中國學生耍大鼓以及來自佛羅里達的軍樂隊。這景象不禁讓人想問，代表法國的新口號是否應改成「自由、輕佻、諷刺」（Liberty, Frivolity, Irony）呢？

要說法國大革命的意義讓法國人之間難以形成共識，其實在法國歷史中還有許多類似的事情。拿破崙又如何呢？他是一位偉大的國家英雄，還是如某位法國歷史學家所控訴的，是一位種族主義獨裁者？法國是否應該慶祝拿破崙在奧斯特里茲戰役的勝利，就如英國慶祝特拉法加海戰的兩百年紀念一樣呢？還是應該讓它靜靜地度過就好？法國學校又該如何呈現法國殖民統治阿爾及利亞那段歷史呢？許多年來，阿爾及利亞國族主義者和法國殖民者與法國軍隊之間激烈的戰爭，只被輕描淡寫成「一些事件」。當保羅．奧賽爾斯將軍（General Paul Aussaresses）這位與阿爾及利亞戰爭時的高階情報官員，在二〇〇〇年公開為使用這些暴行辯護時，原本普遍被默許的、對阿爾及利亞人的殘害，也成為一個公開討論的議題（在九一一事件後，他建議使用他的方法對付蓋達組織〔Al Qaeda〕）。二〇〇五年，政府通過一項法案，規定教科書的內容應該顯示「法國在海外殖民地所扮演的角色是正面的，特別是在北非」。一開始只有少數幾位歷史學家抗議，認為官方歷史教材不該如此呈現。但同年秋天，當北非裔的幾位青少年暴動震撼了法國之後，這件事上了報紙頭條和國民議會。

屬於右翼且涉嫌通敵的維琪政權曾在第二次世界大戰期間統治德國所留下來的法國部分區域，這個歷史事件也是當今法國政府特別難以處理的議題。在一九四五年之後很長一段時間，他們告訴自己一個比較輕鬆版本的故事，卻忽略了維琪政權在當時獲得人民支持的程度，且經常熱心地與納粹合作。當自由法國運動（Free French）的領袖夏爾．戴高樂將軍於一九四四年勝利到達巴黎時，他宣布維琪政權是「一個毫無建樹和成果的政權」。真正的法國所表現的是他自己的力量和抵抗運動（the Resistance）。那些少數過去與納粹合作的法國人應該被處罰，而法國將會繼續建立自己偉大的國家。這樣的想法（他們認為事實就是如此）能夠讓法國人忘記過去法國警察曾自願圍捕猶太人，並讓他們被流放到集中營的事，也能忘記相較之下只有少數人真的參加抵抗運動，還有許多舊政權的官員雖然曾經妥協合作過，卻於一九四五年後仍得以繼續留在原本的職位上。法國政府沒有盡力去嘗試逮捕和審判法國一些著名的戰犯，例如里昂屠夫（Butcher of Lyon）克勞斯．巴比（Klaus Barbie）。事實上，他們有些人甚至獲得教會或高階政府官員的保護。至少在一九九〇年代以前，沒有人提出疑問。任期從一九八一年到一九九五年的法國總統弗朗索瓦．密特朗（François Mitterrand）宣稱他只為維琪政府工作了短暫的時間，且是在加入抵抗運動之前。但是事實上，如一位有魄力的記者所發現的，他在那裡工作的時間比他自己承認的還要久，而且還獲得了一份勳章。

法國試著接受過去維琪政權的事實是個痛苦的過程。一開始，是外國歷史學家先來詳細檢視這段歷史的。電影製作人馬賽．歐弗斯（Marcel Ophuls）製作出他經典的紀錄片《悲傷與憐憫》（*The Sorrow and the Pity*），這部片給予維琪政府一個更真實的樣貌，也毀壞了眾人的迷思，因此當時法國電視台拒絕播放此片。當它在一九七一年公開時，受到右派分子和左派分子的攻擊。尚—保羅．沙特（Jean-Paul Sartre）認為這部片的內容「並不正確」。一位保守派評論者則在《世界報》（*Le Monde*）責罵那些在片中受訪的猶太人，認為他們批評維琪政府的總統馬歇爾．貝當（Marshal Pétain）是不知感恩，他認為這位總統救了他們。在一九七〇和一九八〇年代，有越來越多的公眾討論此議題，出現了更多相關的影片和書籍。但是一直到該世紀末，密特朗和他那世代的人逐漸退出舞台後，新任法國總統賈克·席哈克才有機會承認法國幫助了屠殺猶太人的活動。

在俄羅斯，政府要從一種型態轉到另外一種型態就更唐突了。後蘇聯政府一直在努力（雖然成功有限）嘗試運用歷史為蘇聯創造一個新的身分。「這些日子以來，」俄羅斯人說，「我們國家過去的歷史一直很不明確。」新秩序顯然不想紀念一九一七年十一月七日的布爾什維克革命，但他們不想因為停止慶祝這一連兩天的節日而疏遠市民。當鮑利斯·葉爾欽（Boris Yeltsin）當權後，他保留此節日但將之改名為「團結一致和解日」（the Day of Accord and Reconciliation），但是民眾大多不知道此事。在二〇〇五年，普丁將此節日改到十一月四日，並將之命名為「民族統一日」（the Day of National Unity）。更改日期是因為紀念俄羅斯於一六一二年成功抵禦波蘭入侵。但一般大眾和激進的國族主義者不同，他們仍然不清楚這個節日到底要慶祝什麼。

現今的俄羅斯最少表現出關心的（至少到目前為止）是史達林統治時的那段歷史。很少有官方博物館或地點用來紀念古拉格或是成千上萬關在史達林牢中的人，也很少有紀念館紀念那些勇敢的個人，例如安德烈·沙卡洛夫（Andrei Sakharov），他強力支持蘇聯改革。

然而，俄羅斯並非唯一不想回顧歷史的國家。在越戰結束後的十年，與之前所有其他戰爭不同的是，美國並沒有建立正式的紀念館來紀念傷亡人士。而是等到民眾自己建立了私人相關機構後，政府覺得過意不去，才在華盛頓的國家廣場提供了一塊土地給他們使用。

在西班牙，佛朗哥將軍（General Franco）於一九七五年去世後，民主逐漸落地生根。西班牙有項眾人心照不宣的「遺忘協議」（*pacto del olvido*），就是要忘記內戰時期的傷痛和之後持續好幾年的鎮壓活動。近年來作家、歷史學家和電影製片者開始探索關於此戰爭的歷史，在二〇〇七年十一月政府制定了〈歷史記憶法〉（The Law of Historical Memory），國家也必須為安置這眾多的墳墓與確認那些被佛朗哥勢力所射殺者的身分盡一份心力。佛朗哥的政權本身已經被正式譴責，而且將會盡可能地從公眾的紀念活動中被抹除。佛朗哥的雕像將會消失，街道和廣場的名字會更改。然而這個法案卻難以為西班牙歷史帶來一致的看法。如果說該法有帶來什麼影響的話，只能說它不僅引發了舊的分裂，還帶來新的爭議。「我們獲得了什麼呢？」曼努爾・弗拉加（Manuel Fraga）問道，他是一位參議員，而且之前是佛朗哥政權的部長，也參與了民主改變的過程。「看看英國發生的事。克倫威爾（Cromwell）斬首了一位國王，但他的雕像仍然矗立在國會外面。你無法改變過去。」

西德和日本都被迫記得近代的歷史，不僅因為第二次世界大戰勝利的那方迫使他們如此，憑良心論，也出於他們自己的國民的緣故。在大戰不久之後，德國和許多其他歐洲人一樣，因為專注於生存及重建的問題，而沒有什麼意願和精力去回想過往的歷史。或許也因為他們的失敗是如此徹底，還有納粹的過往是如此不堪，以及他們自己和希特勒的關係是如此深遠，因此他們躲在遺忘和沉默之中。在一九五〇年代，一般很少有德國人願意討論納粹主義或是互相提起他們與那個政權的關聯。其中一個例外是安妮·法蘭克（Anne Frank）的《一位少女的日記》（*Diary of a Young Girl*），這本書賣得很好，但是其他幾本由集中營生還者所寫的回憶錄或幾篇討論德國罪行的文章，則沒有吸引太多的注意。然而，人們無法永遠對過去保持沉默，總是會有作家或思想家準備要問這些令人尷尬的問題。德國人也無法完全避談當初國家第一次被占領時跟隨了希特勒的帶領，以及後來分裂成兩個獨立國家等事件所帶來的影響。西德在前總理康拉德·艾德諾（Konrad Adenauer）的提議下，支付了賠償金給以色列（但當時只有百分之十一的德國人認為這是個正確的決定）。

一直到了一九五〇年代末，西德才開始認真檢視他們的過去。一九六一年，在耶路撒冷審判阿道夫・艾希曼（Adolf Eichmann）的過程中，揭露了納粹用來殺害猶太人那極為精心策劃的方法。後來在西德又有其他的審判繼續進行，使得年輕且激進的一代開始要求了解關於過去的真相。當美國的電視節目《猶太大屠殺》（*Holocaust*）於一九七九年在德國電視台播放時，有超過一半以上的成人都在觀看該節目。今天，已經統一的德國已可以挺身而出面對他們的過去，且通常用很顯眼的方式。開始有更多紀念集中營的博物館開幕了，而學童們也會被帶去參觀這些博物館，當成課程的一部分。在柏林，戰爭與暴政受害者國家紀念館（the National Memorial for the Victims of War and Tyranny），以及威廉皇帝紀念教堂（the Kaiser Wilhelmi Memorial Church）的轟炸後紀念遺址，還有猶太大屠殺紀念碑（the Holocaust Memorial），都屬於國家等級的紀念館。而整個德國的各鄉鎮城市則還有屬於自己的紀念活動和博物館。

在冷戰期間，當西德正努力面對他們那段納粹的過往，東德卻是盡量避談此話題。東德的共產黨政府設法讓自己與過去那段納粹歷史完全無關，也希望不用負擔任何責任。他們說希特勒和納粹代表資本主義，是他們開啟了這場戰爭，也是他們殺害了上百萬的猶太人和其他歐洲人。東德是社會主義者和進步主義者，而且他們一直站在蘇聯那方，一起對抗法西斯主義。事實上，部分的東德人甚至認為，他們的國家在第二次世界大戰中是站在蘇聯那邊的。雖然東德政權為三個集中營建立了紀念館，但唯一被紀念的只有共產主義者，猶太人和吉普賽人則完全沒被提到。

奧地利的失憶症似乎更加驚人。在第二次世界大戰後的幾十年，他們一直設法（而且非常成功）將自己描繪成納粹主義的首要受害者。在一九四五年維也納的一場紀念蘇聯士兵的典禮中，曾當過一陣子奧地利總理的利奧波德．菲格爾（Leopold Figl）悲嘆道：「奧地利的人民在希特勒的暴政下受苦七年。」奧地利在接下來十年中，都是這樣說服自己。他們是快樂而溫和的人民，從來沒想過要做出像納粹那樣的事，是希特勒逼迫他們使德奧合併。他們從來都不想要打仗，如果他們的士兵真的參加了戰爭，那只是為了保衛自己的家園。必須說清楚的是，他們自己也在同盟國的手中受了很多苦。看看究竟是誰摧毀了維也納那美麗的歌劇院呢？然而，事實上許多狂熱的納粹分子（包括希特勒自己）都是奧地利人，還有一九三八年群眾在維也納熱烈迎接希特勒的勝利遊行，以及許多奧地利人曾合力迫害猶太人，這些事實都被避而不談了。少數勇敢的自由主義者想要慶祝少部分奧地利人曾奮勇抵抗納粹主義，並紀念猶太人所受的迫害，卻發現自己受到孤立，或被控訴是共產主義者。到了一九六〇年代，新世代年輕人站上舞台，德國人也開始檢視納粹那段過往，此時奧地利在這其中所扮演的角色才開始浮上檯面。

日本常常被拿來與西德做比較，中國特別喜歡如此。中國控訴日本不承認於一九三〇年代入侵中國的罪行，還有在太平洋戰爭剛開始時所扮演的角色，以及他們對所征服的國家進行的野蠻行為（包括南京大屠殺和他們對滿洲所進行的非人道人體實驗等等）。事實上的確有足夠證據證明這些事是真的。日本和奧地利一樣，在戰後有好幾年時間都把自己描述成一個戰爭受害者。他們用廣島和長崎的原子彈空投事件來吸引注意力，好減弱放在他們罪行上的目光。例如他們很晚才支付賠償金給那些被他們強迫作為慰安婦的韓國女性。後來上任的日本首相還前往靖國神社致意，然而這個神社裡所紀念的是日本在戰爭時去世的軍人，其中包括一些被確認為是戰犯的領袖。

另一方面，對於該如何處理那些較具爭議的歷史，一直有許多爭議。在一九五〇年代，一些書籍和文章（許多作者都是親眼見證或當時參與其中）都證明了日本士兵的確犯下那些暴行。同時，一些歷史學家也開始撰寫相關文章，並堅持揭露事件真實的全貌。雖然國族主義者會攻擊這樣的文章，但他們無法阻止這些文章的出現。中國還宣稱，日本不願讓學生知道戰爭中所發生的一切，但事實上也不是如此（這樣的攻擊竟然來自一個把過去整段歷史都刪除的國家——例如文化大革命——也是很奇怪的）。到了一九七〇年代，日本的學校教科書開始提到關於南京的暴行，且公布被殺害的人數。對許多日本人而言，那十年的歷史使他們的國家從一個受害者轉變為加害者的形象。到了一九八〇年代，國族主義者試圖輕描淡寫日本的侵略和戰爭時期的暴行，這樣的作法引發了自由主義者的憤怒和激烈的公眾爭議。學者們開始拓寬他們的研究領域，研究一些鮮少被揭露的事件或是戰爭的隱藏面。在一九九七年十二月南京暴行的紀念儀式上，公民的遊行裡有一群來自中國和德國的學者，他們走在東京街頭上，隊伍前面則舉著一座特別的燈籠，上面用中文寫著「紀念」。

歷史常常會製造衝突，但也能幫忙帶來和解。南非和智利的真相與和解委員會（the Truth and Reconciliation commission）目的就是要揭露過去歷史的所有真相，然後繼續前進。這不是說他們只想專注於過去的事和做錯的事，而排除其他的事情，而是他們想要接受過去確實發生的事，且試圖評估那些事情的價值。當約翰·霍華德試圖在澳洲推廣全國性的歷史課程時，在雪梨的一位女子高中校長描述她如何處理關於白人第一次到達時的歷史：「我們詳細討論了所有關於白人的歷史名詞，包括殖民主義、侵略和種族滅絕。誠實地檢視過去的歷史，不論是否對某些人來說是痛苦的，這都是社會唯一能夠成熟與彼此建立關係的方式。」

二〇〇六年，過去曾是敵人的法國和德國共同發行了一本歷史教科書，而且兩個國家的學生都會使用這本教科書。雖然書中的內容只討論第二次世界大戰之後的歷史，但他們長遠的計畫是要編寫一些教科書，處理更多一九四五年之前困難的議題。在中東，沙米．艾德溫（Sami Adwan）是一位伯利恆大學（Bethlehem University）的巴勒斯坦籍教授，他和一位以色列的心理學家丹．巴翁（Dan Bar-On）一起設計教科書，希望能讓以色列和巴勒斯坦的高中學生都可以使用，他們的目標比法國和德國的更含蓄一點，只希望能夠在書中同時列出兩個國家的歷史，也藉此展現以色列與巴勒斯坦之間能夠合作與和平共處的例子，以便緩衝長久以來的許多衝突。他們希望這本書能夠幫助兩者互相理解，並且在長遠的未來有更深遠的意義存在。「為了讓巴勒斯坦和以色列的孩童了解自己，」艾德溫教授告訴一位訪問者，「他們必須了解對方，然後預備在將來創造出屬於自己的不同故事。」

可惜的是，到目前為止，雙方只有少數老師對這一本教科書有興趣。

當公眾願意以實際行動來承認過去的歷史，也能幫助醫治國家之間的傷痕。西德總理威利．布蘭特（Willy Brandt）是第一位前往波蘭訪問的西德領袖，當他跪在紀念華沙猶太英雄紀念碑（Warsaw Ghetto）前時，造成了不小的影響。在一九八四年，密特朗和德國的總理海爾穆．柯爾（Helmut Kohl）在凡爾登（Verdun，第一次世界大戰時這裡發生兩國間最激烈的戰爭）會面，在這裡為歐洲有了整合的未來而慶祝。這兩個國家也在佩羅訥區（Péronne）共同建立了一間戰爭博物館，這裡以前是索姆河戰役（the Battle of Somme）時德國總部的所在地。這間博物館的設計目的是為了顯示這場戰爭是歐洲的歷史事蹟，且強調當前歐洲必須整合的必要性。

有時候，承認過去的罪行就像效用過強的藥一樣，不見得有好處。蘇聯的米哈伊爾．戈巴契夫（Mikhail Gorbachev）曾提出政策，想要公開討論過去關於史達林的歷史，但是沒有成功。因為揭露過去古拉格的事件與史達林所殺害的人數，損害了民眾對整個國家系統的信心，因為他們發現政府過去竟然犯下了這樣的罪行。經過了好幾年的否認之後，蘇聯才在一九八〇年代承認曾秘密同意與希特勒一起分割位於他們之間的國家，以及軍隊曾殺害了那些投降的波蘭士兵，這樣做破壞蘇聯對東歐的影響力（今天，俄羅斯媒體又開始不承認這些事情，並再次謬誤地指控說，這些罪行都是納粹犯下的）。因此，我們就想要問，蘇聯這樣的一個政權與帝國，當初是否該存續下去呢？

第八章

# 歷史作為指引

正如我們所知，歷史是經常被拿出來使用的，但是否真的很有效果呢？關於這點，意見一直很分歧。西元前五世紀，修昔底德（Thucydides）宣稱過去歷史對於詮釋未來是很有幫助的。愛德華．吉朋（Edward Gibbon）認為歷史只是「記錄了人類的罪行、愚蠢和不幸」。A．J．P．泰勒（A. J. P. Taylor）的想法與以往一樣和他人大不相同，他認為歷史是可享受的活動，但本身沒有什麼用處，只能幫助我們了解過去的事。「當然，」他輕蔑地說，「你可以學到一些常識，例如威嚇的力量（無論是什麼力量）總有一天都會失去效用。」或許最好的方法是問問自己，若我們對歷史一點都不了解的話，對現在是否會有什麼影響？我相信答案應該是肯定的。

先談談歷史能幫助我們了解什麼。第一，首先要問的是，我們必須面對的對象是誰？第二，也是同樣重要的是，我們自己是誰？就像美國歷史學家約翰．路易斯．賈迪斯（John Lewis Gaddis）所說的，這就好像在看後照鏡。如果你只是往後看，你就會掉進水溝，但它能幫助你知道自己是從哪裡來的，還有誰與你走在同一條路上。對冷戰時的雙方來說，情況如此危險的原因之一，就是他們不了解彼此。美國只看蘇聯外交辭令的表面意思，而且理所當然認為他們其實是想稱霸全世界。而共產黨那方（無論是中國還是蘇聯）

則認為資本主義國家（例如美國和英國）一定會來干擾他們堅決獲取利益的決心。

麥可．霍華是英國的軍事歷史學家，他對於在冷戰時期華盛頓所持的態度感到失望。「蘇聯在美國眼裡是一股宇宙勢力，而他們的計謀和意圖，從蘇聯軍方不停宣揚馬克思教條就可被推測出來。」事實上，因為受到地理和歷史的影響，蘇聯所持有的目標經常源於傳統的蘇聯思想。蘇聯的國界缺乏天然屏障，因此較易受到外來的侵略，他們的政府一直在找尋緩衝地帶以保護蘇聯的中心地區。當史達林在第二次世界大戰後藉機進入東歐地區時，除了基於安全因素，也是因為思想體系和民族自豪的緣故（即蘇聯的民族自豪，因為他是來自喬治亞的）。在戰爭期間，他創造了新的軍事榮譽，而且不是以馬克思或列寧命名，而是以偉大的專制將軍或海軍將領命名的。在戰爭即將結束時的某天晚上，與親信共進晚餐後，史達林在桌上攤開一張地圖，並且愉快地指出所有他失而復得的舊專制地區。

美國策略家也認為，前蘇聯政府為了達成目標會願意全面開戰。然而，事實上因為蘇聯在兩次世界大戰蒙受了巨大損失，以及一九四五年後面對浩大的重建工程，蘇聯領袖也很可能會想要盡量避免戰爭。事實上，我們如今已經知道，通常避免戰爭才是他們真正想要的。當尼基塔．赫魯雪夫（Nikita Khrushchev）一九六二年把核子彈頭飛彈放置在古巴境內時，他的部分動機是要讓美國感受一下，當自己的土地受到威脅時是什麼感覺，而這是蘇聯向來非常了解的。後來他把飛彈撤走了，因為他不想要再經歷一次可能比之前兩次大戰更激烈的戰爭，特別是他已從前兩次幸運存活下來。

一九四九年，共產黨在中國取得了勝利。雖然當時美國對中國的了解，遠勝於他們對蘇聯的了解，但他們仍然錯解了中國真正的想法。消極主義者認為中國共產黨處在史達林的控制之下，只有少數中國專家認為以兩國間如此大的歷史和文化差異，這兩個共產勢力可能很快就會分裂。他們預測毛澤東會成為亞洲版的狄托（Tito，南斯拉夫當時的共產主義領袖，才剛戲劇性地和史達林決裂）。而事實上，那正是十年後發生的事。當中國和蘇聯之間分裂後，有些固執的西方人士無法相信此事，他們認為北京與莫斯科之間公開指責對方，正是他們表裡不一和狡詐的證據。

同樣地，當時共產黨也誤解了西方的意思（雖然他們相較之下容易取得資訊）。蘇聯認為西方會試圖毀滅他們，因為當初蘇聯內戰時，西方就是這樣出兵干預的。事實上，西方的干預雖然有政治人物支持，例如邱吉爾等人，但他們並不是真的很認真看待這件事。因為在第一次世界大戰結束時，英國和法國已經沒有軍力繼續打仗了。然而，馬克思主義的有色眼鏡是很強的，而他們所學到關於西方和它的歷史，只加強了他們的偏見。甚至是訓練中的年輕蘇聯外交官，也只被容許閱讀西方國家的共產黨報紙。他們認為資本主義會繼續剝削打壓工人，就像過去一樣，而在那些國家終將會有革命，例如英國和美國。關於民主、公眾意見或法律等價值觀，在這些地方也只是說說而已。當美國總統吉米・卡特（Jimmy Carter）和柯林頓提到關於人權的議題時，共產黨領袖只覺得這是在干預他們的國內事務。

如果你不知道其他人的歷史，你就不會知道他們的價值觀、他們的恐懼和他們的希望，或是他們會如何回應你所做的某件事。還有另一個容易產生誤解的原因，那就是以為別人都和你一樣。羅伯特・麥納瑪拉（Robert McNamara）花了許多時間，試圖去了解美國在越戰究竟做錯了什麼。在他的回憶錄《回憶過往》（*In Retrospect*）中，他提出一些結論希望可供未來的領袖參考。他說：「我們認為南越的人民和領袖認同我們的經驗。我們以為他們渴望且決心要為自由和民主而戰。」美國當時同樣沒去了解北越對該場戰爭的決心。美國總認為自己能打擊北越，讓他們的領袖權衡一切狀況後決定投降。然而他們當初可是與法國對打了七年的民族。「我們對敵方與友方都做出了錯誤的判斷，」麥納瑪拉說道。「這表示我們對該地人民的歷史、文化和政治是如此無知，也非常不了解他們領袖的人格特質和習慣。」

然而，近年來的布希政府仍然沒有從中學到教訓。一位資深顧問於二〇〇二年輕蔑地對記者朗恩·薩斯凱德（Ron Suskind）說，你們相信研究史實是有幫助的。「但這已不再是世界運作的方式。」他繼續說道，「我們現在是一個帝國了，而當我們行動時，我們創造屬於自己的事實。當你們審慎地研究和了解事實之後，我們卻還會再次行動，創造其他新的事實，你們可以再花時間去了解。這就是現在處理事情的方式，我們是歷史的行為者……而你們，你們所有人，只能去了解、研究我們做出的事實。」如果白宮曾去詳細研究過去的事實，總統就不會在九一一事件兩天之後，用「聖戰」這個詞彙來宣稱他即將處置恐怖分子的方式。無論是哪種回教徒（甚至是較溫和主義的）都會忍不住想到西方之前對他們的攻擊。如果能花點注意力於事實，當美國和英國發現伊拉克並不歡迎或欣賞外國人控制他們的石油時，可能就不會如此驚訝。

在二〇〇二年十一月，也就是入侵伊拉克前的四個月，當時東尼·布萊爾只願意和獨立的英國專家開會。「我們幾乎都在說同樣一件事。」喬治·喬菲（George Joffe）是一位劍橋大學的中東專家，他說：「伊拉克是一個很複雜的國家，人民懷有許多共同的憤怒。你千萬別認為自己會受到他們歡迎。」但布萊爾對這樣的分析不感興趣，他只把注意力放在海珊身上。「這個男人很邪惡，不是嗎？」專家想要向布萊爾解釋，海珊三十年的獨裁政權已經根深柢固地掌控了伊拉克社會，因此根本沒有獨立機構可以與他們聯盟。但布萊爾對這些事還是沒有興趣，因此外交部後來也就不再聽取這些專家提供的重要知識。

五年多之後，在二〇〇八年一月，英國國防部發表了一篇報導，譴責英國士兵被派往伊拉克作戰時準備不足的情況。這篇報導說，關於士兵在那裡會面對怎樣的狀況，以及伊拉克會怎樣回應等資訊都很不足。報導還說，軍方沒有事先預測到伊拉克和巴爾幹半島及北愛爾蘭之間的不同（近來英國軍方在這些地區獲得許多經驗）。換句話說，他們沒有努力去了解伊拉克的歷史。

知道歷史也可以避免懶惰地一概而論。當南斯拉夫正處於分裂狀態時，消極主義者說，挑釁塞爾維亞人的行為是愚蠢的。他們說，看看塞爾維亞人在第二次世界大戰時是如何打退納粹的。但是事實上，如果你更仔細去檢視（就像一位美國軍事研究人員幾年前做的一樣），你會發現當時德國派遣的軍隊並不是最好的軍力，而且大部分時候都人力不足。如果你再往回看第一次世界大戰，你會看到塞爾維亞軍方其實是被打敗且被迫逃亡的。而塞爾維亞地區則被德國和奧地利軍隊占領到戰爭結束為止。阿富汗也面對同樣的誤解。那些自命不凡的學者說，阿富汗從來沒被其他外來勢力征服過。這說法會讓亞歷山大大帝和成吉思汗同時感到驚訝。今天我們會聽到一種說法，就是西方勢力沒辦法介入辛巴威（Zimbabwe）日益混亂的狀況，因為這只會讓他們的人民想起往日殖民主義時的回憶。可惜在美國出兵越南時，或更後來的伊拉克事件中，他們沒把這樣的想法納入考量。

歷史也可幫助我們了解自己。人們傾向於用玫瑰色的濾鏡看待自己，但有時事實並非如此。例如，加拿大人認為自己是世界上一股善意的力量，但他們似乎忽略了一件事，在過去十幾年中，在所有富裕的國家裡，加拿大所提供的國際援助算是非常少的。雖然加拿大人以自己是和平愛好者而自豪，但他們通常不知道自己的國家在二十世紀參加過四場戰爭，從在南非的戰爭到越戰。美國人也常認為自己是愛好和平的國家，且他們從不願意主動挑起戰爭。「我們國家從來沒主動引發戰爭過，」雷根總統在一九八三年說道，「我們主要的目的是想要引起威嚇作用，想要展現力量和能力來阻止戰爭。」但在墨西哥、尼加拉瓜、古巴或今天的伊拉克等國眼中看來，或許不是這樣。

「那些不願記住過去歷史的人很容易重蹈覆轍」，這句話是喬治・桑塔耶那（George Santayana）的名言，也是一句政治人物很愛用的格言，其他人想聽起來有格調時也會使用。然而這是真的，歷史可以有效地提醒我們過去曾引起的麻煩事。例如第二次世界大戰時，同盟國決定這次德國和其他軸心國家不能再宣稱自己從來沒被打敗。他們對軸心國的處理策略是無條件投降，而德國、日本和義大利都在戰爭結束後被占領，另外他們也努力重塑這些國家，讓他們脫離非民主和軍國主義思想（但沒有完全成功）。當有些人抱怨這樣的作法，就好像是羅馬帝國加諸在迦太基的那種野蠻的和平，美國將軍馬克・克拉克（Mark Clark）卻說現在很少人聽到關於迦太基人的消息了。

當羅斯福總統和其他西方領袖開始討論和計畫戰後世界時，他們心中還存留著之前不久的記憶。他們想要建造一個健全的世界秩序，好讓這個世界不會再落入彼此紛爭衝突的狀況。兩次大戰之間的日子其實也非常不穩定，部分原因是國際聯盟不是非常堅固，主要的國家勢力（特別是美國）沒有加入此聯盟，而德國和日本後來也退出了。這次，羅斯福下定決心，美國必須是新聯合國的成員。他也準備好要努力讓蘇聯加入並保持世界穩定和繁榮。在一九二〇年代，世界的和諧狀況並不是很穩定，而到了一九三〇年代，因為經濟大蕭條的關係，世界秩序變得更緊張，也讓各國為了維持內部安定而建立起關稅壁壘，以保護自己的勞工和產業。但是對單一國家有利的政策，對世界卻不見得如此，貿易和投資環境變差，也導致國家對立的狀況，因此才會出現第二次世界大戰。「這段歷史在科德爾．赫爾擔任國務卿時如此知名，就如《聖經》中描述人類從伊甸園墮落的那段過去一般。這樣的歷史絕對不能再重複。」

為了避免這樣的狀況，軸心國在蘇聯不是非常情願的默許下，建立了一個叫做布列敦森林體系（Bretton Woods system）的經濟機構。世界銀行（World Bank）、國際貨幣基金組織（International Monetary Fund）和國際貿易組織（International Trade Organisation，後來成為世界貿易組織〔World Trade Organisation〕）都是為了讓世界經濟穩定並鼓勵各國之間自由貿易而設立的。這些機構對於一九四五年之後的世界秩序提供怎樣的幫助，仍然有所爭議。不過後來一九三〇年代的事件的確沒有再次發生。

二〇〇八年下半年，因為世界的經濟系統再次發生不穩定狀況，使人們又再次回顧經濟大蕭條時期的回憶和當時的教訓。那些把凱因斯的作品束之高閣的專業經濟學者，又開始把書拿出來討論，特別是那些討論到需要政府法規規避風險，和政府有責任使用手邊工具來振興經濟的部分。幸運的是，美國聯邦準備委員會主席班傑明・S・柏南克（Benjamin S. Bernanke）是經濟蕭條方面的專家，也是在那些日子制定美國政策的主要人物之一。他寫了許多文章也主持很多課程，教導他所見所聞。在一篇二〇〇〇年發表於《外交政策》（*Foreign Policy*）雜誌的文章中，他提出：「經濟對股市的反應，其實與股市的表現相關較低，但與制定經濟政策者的反應方式較為相關，特別是那些位於中央銀行的人。」他說，美國聯準會試著保護美元的價值是錯誤的作法（例如提升利率），真正應該做的是要去穩定國內經濟。因此在面對二〇〇八年的經濟狀況時，他比其他官員更準備好要振興經濟。

理查・紐斯塔特（Richard Neustadt）和歐內斯特・梅（Ernest May）在他們的作品《歷史思潮》（*Thinking in Time*）中告訴我們，知道一件事的背景可以如何幫助我們避免付出不必要和昂貴的代價。舉個他們所提出最有力的例子來說，在一九七九年的夏天，開始有謠言傳說蘇聯已在古巴境內派駐戰鬥部隊。除了正好當時蘇聯和美國的關係緊張，此舉也讓人想起一九六二年古巴的導彈危機，因為那時蘇聯也是將大量武器（包括核子彈）運送到古巴境內。後來赫魯雪夫答應甘迺迪的要求，將火箭與核子武器撤回，才解除了此危機。

甘迺迪也默默承諾，美國將不會出兵古巴。這次蘇聯是否又想引起類似的事件，而為什麼蘇聯要違反自己在一九六二年時所做的撤回駐軍的約定呢？

美國總統卡特的國家顧問茲比格涅夫．布里辛斯基（Zbigniew Brzezinski）要求調查局展開調查。到了八月中旬，記者證實確實有蘇聯軍隊派駐於古巴。不久之後，愛達荷州的參議員兼美國參議院外交委員會（Senate Foreign Relations Committee）主席法蘭克．喬奇（Frank Church）做了公開談話。他告訴記者：「總統應清楚表態，我們所在的北半球與蘇聯是劃清界線的。」漸漸地，政府當局回去調查檔案後，發現了兩件事。第一，甘迺迪的確曾要求蘇聯撤離派駐的地面軍隊，但他沒有堅持。第二，也是特別尷尬的一點，那就是蘇聯的軍隊是從一九六二年就進駐在古巴的。卡特的國務卿賽勒斯．萬斯（Cyrus Vance）寫道：「顯然地，中情局忘記要密切注意蘇聯部隊的動態。」安納塔利．杜布里寧（Anatoly Dobrynin）是從甘迺迪時代就駐派華盛頓的蘇聯大使，當時他因為探視母親而回到莫斯科。後來他趕回美國幫助釐清這個問題。但是他在莫斯科的上司不太願意相信這件事是純粹的誤會，而且懷疑美國可能有什麼企圖。根據杜布里寧的觀點，這件事使蘇聯和美國的關係更加破裂。

我們的社會中有兩群人，他們特別仰賴歷史作為指引。那就是商業人士和軍方人士，因為他們通常想要知道，如果採取某項特別行動的話，成功的機會有多少？這項投資是否會成功，或若以軍方觀點來看，戰爭是否能勝利？想要掌握勝利的辦法就是去詳細檢視過去類似的歷史。這就是個案研究。為什麼艾德索車款（Edsel）會失敗，但是福斯汽車（Volkswagen）卻能成功？二〇〇八年，次級房貸撼動整個世界的經濟，市場分析師轉向歷史試圖預測股市下坡還會持續多久（在過去的五十五年中，世界出現過幾次的熊市，而且時間都不超過一年）。

投資人可能會經歷一些失敗，但軍人則大部分沒看過戰爭，只有少數資深的軍官可能參加過一兩場。人們可以做些模擬的戰爭演練，但他們沒辦法複製真正的戰爭，因為戰爭中有暴力、死亡和混亂。所以歷史就成為一個很重要的工具，讓軍方學習哪些原因讓人打贏戰爭，以及同樣重要的，是什麼原因讓人失敗。雖然每間軍校的武器和制服都不相同，但他們仍然發現讓學生學習伯羅奔尼薩戰爭（Peloponnesian Wars）或納爾遜的戰役（Nelson's battles）是有一些幫助的。經過練習和真實的演練之後，軍人學習過去的歷史並試圖從中吸取教訓。第二次世界大戰的官方歷史紀錄，就是為了幫助政府和他們的軍方能夠從中學習。

今天，美國有些人試圖要從一九五四年到一九六二年間，法國與阿爾及利亞國族主義者之間的戰爭學習一些功課，並且希望能運用在伊拉克身上。這兩者之間的確有些相似之處：都是一個先進科技勢力對上一個難以捉摸卻又似乎無所不在的對手。這是一群憤怒的平民，他們之中有些人積極支持反叛軍，另外還有回教徒和國族主義者在一邊助陣。在維吉尼亞州的海軍陸戰隊大學（Marine Corps University），年輕軍官們現在可以上一堂討論阿爾及利亞戰爭（French-Algerian War）的課。經典電影《阿爾及利亞之戰》（*The Battle of Algiers*）的內容表現出雙方的殘酷，這部片被美國國防部選作訓練的教材。本片的左翼派義大利籍導演傑羅．龐泰科法（Gillo Pontecorvo）說：「這感覺有點奇怪，我認為這部片最有可能是用來教人如何拍電影，而不是引發戰爭。」布希總統也讀了《野蠻的和平之戰》（*A Savage War of Peace*）這本講述阿爾及利亞戰爭的經典書籍（在網路上，在出版社很快出版平裝版本之前，一本書要價高達兩百美元）。二〇〇七年五月，布希發出一項難得的邀請，請本書的英國作者阿利斯泰爾．霍恩（Alistair Horne）到白宮作客。總統似乎不太在乎法國後來戰敗這個事實。根據一位助手透露，布希覺得這本書很有趣，但他的結論是：法國會輸，是因為他們的相關當局沒盡到本分。

然而研究過去的歷史並不保證一定能幫助軍隊勝利。在第一次世界大戰之前，有許多證據顯示各國防禦的力量變得越來越強。從美國內戰到一九〇四—〇五年的日俄戰爭，溝渠戰加上更強大及快速的武器，讓戰爭的成本提升許多。只有少數人認真看待這件事，大部分的歐洲國家軍方小看了這種地上戰爭，而且認為對手能力較低（也就是非歐洲國家）。法國因為受自己國家軍事歷史的影響而認為要採取攻勢，而當他們在法國與普魯士之戰的第一個月，發現一位年輕軍官死去時，更加深了他們的確信。亞當・杜皮克（Ardant du Picq）認為勝利最終會落在士氣較高的那一方。法國軍方的策略者也很強調他們高人一等的武力、精良的訓練和人數眾多的軍隊，包括許多裝甲部隊。他們在一九一四年之前花太少精力去注意防衛方面的科技，而在一九一八年之後又花太多注意力在這上面。因為第一次世界大戰的巨大損失、西方陣線停滯不前，還有最重要的是在凡爾登的僵持戰（法軍在這裡抵抗德軍），這些事件都讓法國軍方和政治家相信，未來戰爭最好採取防守姿態。雖然因為各項武器越來越先進，包括飛機、機動砲、坦克車和其他各式機動車輛等等，讓他們有辦法穿越對方的防禦工事進行攻擊，但法國也花了大量軍事預算在馬其諾防線（Maginot Line）上。當法軍正在等待德國進攻時（後來沒發生），希特勒的軍隊卻穿過了防禦線的西側往前進了。

在越戰結束後，美國軍方也學到很多進行反暴動戰爭的方式，敵對者通常是國族主義者，他們通常使用傳統和游擊戰的方式。問題是，很少有人願意去回想越戰歷史，或是此戰帶來的教訓。哈姆斯（T. X. Hammes）是一位仍對反暴動戰爭有興趣的海軍上校，他說：「我們發自內心祈盼，這樣的事不會再發生。」美國的軍事訓練向來著重於傳統戰爭，反暴動戰爭在一九七〇年代的軍方核心策略規劃中根本沒被提到。然而哈姆斯卻研讀了在中美洲、非洲和阿富汗的一些小戰爭的歷史，並且寫了一本關於如何打游擊戰的書。當初一間出版社拒絕出版此書，他們說：「這是一本有趣的書，寫得很好，但是沒人會對這個主題有興趣，因為它根本不會發生。」後來，當美國在伊拉克學到教訓後，這本《投石器與石頭：論二十一世紀的戰爭》（*The Sling and the Stone: On War in the 21st Century*）終於在二〇〇四年出版。二〇〇五年，少數成功在伊拉克布下成功策略的美國將軍大衛・裴卓斯（David Petraeus）在那裡設立了一間學習反暴動戰爭的軍事學院。回到美國之後，他也安排讓反暴動戰爭的課程在高等軍事訓練學校成為必修課程。勞倫斯那本關於第一次世界大戰中阿拉伯對抗土耳其的書《智慧七柱》，和法國軍官大衛・賈魯拉（David Galula）寫的《反叛亂戰爭》（*Counterinsurgency Warfare*）成為軍事基地附近書店最暢銷的兩本書。

歷史能幫助我們變得更有智慧，它也能告訴我們採取某行動可能帶來的結果。但是從歷史中無法找到能幫我們塑造夢想中未來的清晰藍圖。每樁歷史事件都是由許多因素、人為或年代所共同促成的結果。然而藉著檢視過去，我們可以學到一些有用的功課，教導我們如何前進。但必須謹記的是，要盡量把眼界放寬。如果我們只學習那些會強化原本就有的看法的功課，可能會引起麻煩。一九四一年五月，各地都傳說德國已經準備好要攻打蘇聯，但史達林卻拒絕聽從這說法。他當時並不想和德國打仗，因為他知道蘇聯還沒有準備好，所以他說服自己認為德國目前不會行動，除非德國先與英國談和。「德國和他的將軍們沒那麼笨，會想要同時面對兩個敵人。」史達林這樣告訴他的親信們。「這麼做已讓德國在第一次世界大戰時踢到鐵板。」然而，一個月後，德國攻打了蘇聯，特別是那些被提醒要做好防禦準備的地方。其實如果史達林願意的話，他可以從歷史中找到類似的教訓。事實上，當希特勒之前攻占奧地利和捷克斯洛伐克的時候，早就顯示他的賭徒個性。而當他在一九四〇年迅速打贏法國後，也更讓他相信自己永遠是對的。此外，希特勒也毫不隱瞞自己長遠目標就是要不停往前進，為德國國民贏取土地。

如果我們能小心處理的話，歷史可以為我們提供不同的方案，幫助我們提出現在必須質疑的問題。在一九二〇年代，勞倫斯批評英國政府干預伊拉克事務（後來伊拉克建立新的國家）：「英國人被美索不達米亞文明帶進一個圈套，而且很難優雅光榮地逃脫。他們會陷入這樣的陷阱，是因為資訊不足的緣故。巴格達公報（*Baghdad communiqués*）是過時、不誠實且不完整的。事實上實情比我們所知的更複雜，我們的政府比想像中更殘忍和無效果。這對我們大英帝國的歷史是個羞恥。我們的士兵們，無論在印度或英國都處於很糟的氣候和補給狀況中，但卻必須護衛一片很大的區域，每天都因為巴格達的政府錯誤的政策付出代價。然而這個責任不應該放在軍隊的身上，因為他們只是依照該政權的指示去行事。」

二〇〇二年，當時美國和英國政府準備要快速進攻伊拉克，而且他們確信這場戰爭不會持續很久。如果他們夠明智，當時應該要先去研究一下更早之前的占領事件。當時英國認為此事應該輕而易舉，而且當地人會歡迎他們，或至少保持沉默。他們也相信自己能找到一位樂意合作的阿拉伯領袖作為自己的代理人。此外，伊拉克將可依靠出口小麥和將來開採的石油賺進不少錢。但是這些美好的想法維持不到一年。在一九二〇年的夏天，英國軍方承受極大的壓力，因為他們試圖鎮壓遍布全國的反叛軍。雖然英國認為他們在費薩爾（Faisal）找到了適合當統治者的人，且要讓他在接下來那一年登基為王，但那個人後來沒成為他們想要的順從的統治者。到一九五〇年代為止，伊拉克一直是英國影響圈之內的一個問題。事實上，英美聯盟當時研究的是第二次世界大戰之後占領德國和日本的歷史，這算是選錯了案例。或者更公平的說法是，二〇〇二年時的政策決策者從這些事件中看錯了角度，而學習錯誤的教訓。布希總統在二〇〇三年二月二十六日一場美國企業研究院（American Enterprise Institute）的演講中，很有自信地說：「有段時間許多人認為，以日本和德國的文化來說，他們不可能會接受民主的價值觀。但是他們錯了。現在也有一些人這樣看待伊拉克。他們也錯了。」但是那些早期的攻占計畫之所以能成功，是因為同盟國在勝利之前已制訂了很完善的計畫，他們有成千上萬的地面軍隊，而且對方是已經承認戰敗的國家。

如果當初那些在二〇〇二年做出重要決策的人，願意試著去了解伊拉克會怎樣回應外來的侵犯和攻擊的話，他們或許就能在英國歷史或其他過去的戰爭歷史中，找到一些有幫助的建議——例如第二次世界大戰快結束時的德國和日本。當我們想釐清一些事情的狀況（而且可能手邊資訊多過我們所能消化的），且想要做出重要決定時，我們會使用類比的方式推出一些結論，並分辨什麼是重要的，什麼是不重要的。如果布希總統或布萊爾首相認為海珊和希特勒很類似，他們就會依據此看法做出相應的決定。如果人們認為二〇〇八年的經濟危機和經濟大蕭條很類似，那麼政府和中央銀行可能會決定振興經濟。如果它比較像一九九〇年代的網路泡沫（dot-com bubble），那麼將它視為一個短期的修正會是比較明智的決定。人類不一定都能做出正確的推論，但他們幾乎都會試圖找出解決辦法。

千百年以來，中國人對這件事一直都很了解。傳統的中國觀念喜歡從歷史事件中尋找道德故事和例子，來教導人們如何有智慧地行事。即使是喜歡凡事往前看的中國共產黨，也沒辦法脫離這個千百年來的習慣。從毛澤東開始，中國共產黨的領袖們就喜歡提出一些過往的事情來討論，甚至是很遠古的歷史事件。這就像美國總統或加拿大總理會很隨意地在談話中提到凱撒大帝或查理曼大帝（Charlemagne），而且他們也期待聽眾能立即了解其含義。在一九六〇年代，當時毛澤東正想要改善與美國的關係，好讓他們與蘇聯之間的關係能取得平衡。他想起西元三世紀的某位中國人物曾提出的建議，就是應該與自己兩個敵人中的其中一個聯合，好打敗另外一個敵人。該名歷史人物還建議君王要選擇位置較遠的敵人與自己聯合，以免對方因為地利的緣故與他人聯合。後來中國與美國之間的關係開始變好，而蘇聯和後來的俄羅斯對中國的態度也的確越來越尊敬，這樣的結果讓人不得不認同毛澤東當時所作出的推論。

當美國在一九九一年的波斯灣戰爭（Gulf War）中率領聯軍對抗伊拉克時，這些美國領袖們心中有兩個推論。他們不希望美國勢力在自己國內出現像越戰時那樣的拉扯，而且他們想要阻止海珊的政權繼續，就像他們在冷戰中遏制蘇聯和中華人民共和國那樣。雖然老布希總統和他的參謀首長聯席會議主席科林・鮑爾將軍（General Colin Powell）因為沒有出兵伊拉克和罷免海珊而飽受批評（特別是被右派分子），但事實上他們的舉動是明智的。美國和聯盟勢力因此沒有在地面戰爭陷入困境，而且雖然海珊的政權存活了下來，但對其鄰國的威脅性不大（雖然令人難過的是，他仍有能力殺害和壓迫伊拉克人民）。

當然，從過往的歷史事件去做類比時，必須要很小心。如果做錯類比，不只可能會把現在複雜的情況變得過於簡單化，還可能會導致錯誤的決定。在二〇〇一年九月十一日之後，人們（特別是新保守派）開始喜歡討論西方國家如何讓自己陷入了第四次世界大戰。

諾曼．波德霍雷茨（Norman Podhoretz）是一位居於領袖地位的新保守派思想家，他認為冷戰其實可以算是第三次世界大戰。而在經歷一九九〇年代一段很短的和平時期之後，世界又再次面對回教基本教義主義的攻擊。就和其他大戰一樣，美國和他的聯盟國依然是無辜的一方，是其他人迫使他們必須開戰，西方國家只是在保衛自己（即使與伊拉克的戰爭是他們先出手攻擊的）。以這樣的觀點來看，這場戰爭是合乎道義的，是好與壞的對抗。以加拿大人大衛．弗洛姆（David Frum）所發明的更方便簡略的說法就是，對方是「邪惡的軸心」。在第二次世界大戰中，軸心國是彼此緊密連結的德國、義大利和日本，而他們說在這次對抗恐怖主義的戰爭中，軸心國則包括伊拉克和伊朗（這兩國在一九八〇年代明明是彼此對戰），還有北韓（但是北韓領袖可能無法在地圖上指出他的兩個聯盟國到底在哪）。此外，冷戰也不像兩次世界大戰那樣動用大量的軍力，而後來結束的原因也不是因為停戰協議，而是因為主角之一解體。但所有批評這次「恐怖主義戰爭」或占領伊拉克事件的開放性質或認為難以界定定義的人，都被認為是分離主義分子和儒夫。在評論波德霍雷茨最近的作品《第四次世界大戰：與伊斯蘭法西斯主義的長久對抗》（*World War IV: The Long Struggle against Islamofascism*）時，伊恩．布魯瑪（Ian Buruma）寫道：「本書透露了一種渴望戰爭狀態的奇怪想法，因為戰爭能帶來清楚明確的分界，也能清楚劃分自己的同胞（或說全世界），將他們清楚地分為朋友和敵人、同志和叛徒、戰士和妥協分子，還有那些與我們同陣線或反對派的人。」

近年來很流行的另外一個類比是「慕尼黑」。這是一個象徵說法，意指一九三〇年代民主政體對獨裁者採取了讓步政策，但後來卻沒辦法阻止另一場戰爭的發生。這是以一九三八年的慕尼黑會議命名的，因為當時英國和法國同意希特勒主導的德國可以獲得捷克斯洛伐克說德語的地區，因此後來慕尼黑就成了面對侵略時軟弱表現的代名詞。對妥協主義感到不滿的批評分子說，如果民主國家能夠挺身面對希特勒（最好是在一九三〇年代德國還沒重新武裝之前），如果他們也能這樣勇於面對義大利和日本，那麼或許就能成功防止第二次世界大戰的發生。但是這樣的類比究竟有什麼意義呢？這是不是表示，你永遠不應該跟敵人對話，並試著找出相同點呢？如果是這樣的話，那麼艾森豪總統跟赫魯雪夫，或尼克森和毛澤東說話時，他們也算是妥協分子了。在一九三〇年代，民主國家試圖避免戰爭難道是錯誤的作法嗎？他們因為知道第一次世界大戰時傷亡慘重，而且才剛結束沒多久，也擔心那些新科技的炸彈武器將會摧毀文明，所以才這麼做。內維爾．張伯倫

（Neville Chamberlain）等人當初沒弄懂的是（因為事情總是要回顧時才能看得清楚），他們誤以為希特勒會見好就收，以為當他一但滿足了德國的「合理」目標之後（例如德奧合併）就會收手。

二〇〇八年，小布希總統在一場對以色列議會的演講中，攻擊那些認為自己能夠與敘利亞、伊朗和哈馬斯（Hamas）組織做建設性對談的人。雖然他沒提及姓名，但大多數人認為他指的是美國卡特總統和民主黨總統候選人歐巴馬，或許還有此活動的主辦者們。「當納粹的坦克車開進波蘭時，」小布希說道，「一位美國參議員宣稱『上帝啊，如果我能和希特勒對談的話，這些事或許都能避免。』但我們有義務認清一件事，這是一種姑息心態，而且在歷史上重複出現。」然而敘利亞和伊朗真的可同納粹德國相提並論嗎？和他們對話是否就代表軟弱或想要破壞和平呢？和恐怖組織進行對話永遠都是錯的嗎？英國與北愛爾蘭的愛爾蘭共和軍（IRA）對戰，但他們也願意和他們進行協商。究竟什麼是妥協？什麼又不是呢？這不是那麼容易清楚劃分的。無法否認的是從那之後，慕尼黑的類比就深入了政治家們的心裡，而且也被大家隨意用來為許多的政策辯護。安東尼．艾登（Anthony Eden）是繼任邱吉爾的英國首相，他用這個類比來比喻他試圖處理賈邁勒．阿卜杜勒・納賽爾（Gamal Abdel Nasser，一九五六年時埃及的獨裁者）事件的狀況。就像當時許多所謂第三世界統治者一樣，納賽爾已準備好要從冷戰雙方接受援助。他向共產黨的捷克斯洛伐克購買軍火，也試圖跟美國借錢好在尼羅河建立亞斯文水壩（Aswan Dam）。但是當時美國的國務卿杜勒斯無法透過國會借到錢。為了報復，也為了籌措所需的款項，納賽爾使蘇伊士運河（Suez Canal）變成國有化（之前是英國所有和管理的）。面對此事，艾登的反應是明確而毫不含糊的。由於曾在一九三〇年代擔任外交大臣，他處理過一些與獨裁者的外交問題。現在他和世界又面對同樣的事情。就如他在自己的回憶錄中寫的：「因為他們多次的成功，包括與阿比西尼亞（Abyssinia）、萊茵蘭、奧地利、捷克斯洛伐克、阿爾巴尼亞解除協約，讓希特勒和墨索里尼深信民主國家沒有意願抵擋他們，也讓他們深信自己可以一個一個國家不停攻占下去，直到稱霸全世界。當我同事和我一起調查了一九五六年秋天的局勢後，我們認為不可讓這樣的事情再度發生。」但是納賽爾不像希特勒那樣想要征服鄰國。他是一個國族主義者，而他想要的是有足夠資源來發展自己的國家，並希望能在中東地區居領導地位。英國的構想是與法國和以色列聯合，並藉此控制蘇伊士運河，但這作法不僅行不通，還讓埃及與廣大的阿拉伯世界偏向了納賽爾那側。此外，這也讓美國感到非常生氣，當時美國擔心的不是可能會讓一九三〇年的事情重蹈覆轍，而是擔心這件事對第三世界國家的影響。

一九五〇年，當北韓的軍隊進入南韓時，杜魯門總統了解他必須做出一些行動：「共產主義正在韓國產生效應，就像希特勒和日本在十年、十五年、二十年前做的一樣。」他這麼說很可能是正確的。毫無疑問，史達林和希特勒一樣，都認為自己面對的是一場可輕易獲得勝利的賭局。然而，以史達林的例子來說，如果事情變得太麻煩，他已準備好隨時撤回對北韓的援助。但卻很少證據顯示，即使面臨民主國家強烈的反對，希特勒會願意放下對歐洲的野心。他已下定決心準備開戰。甘迺迪總統的學士論文（後來出版成書）題目是《英國為何沉睡》（*Why England Slept*），內容是談英國的妥協主義。而當甘迺迪與他的顧問討論如何處理蘇聯在古巴設置飛彈的問題時，心裡想的正是關於慕尼黑的事情。甘迺迪說：「一九三〇年代教導了我們一堂很清楚的功課，那就是侵略性的行為如果沒有經過仔細檢視，將會導致戰爭。」他很明智地使用海軍封鎖而非全面開戰，來施壓於蘇聯。幸運的是，他剛念了巴巴拉・塔克曼（Barbara Tuchman）的書《八月砲火》（*The Guns of August*），這本書講的是第一次世界大戰爆發的源起與經過，因此他深深知道一連串錯誤的決策會導致怎樣的後果。後來，甘迺迪的繼任者林登．詹森（Lyndon Johnson）總統再次使用這個類比，這次是用在越南身上。他不想要像英國首相張伯倫處理希特勒的方式那樣。他告訴幫他寫傳記的作家說，如果他能脫離越南困境，「我會歸功於積極行動。」

在一九六五年時，當詹森必須決定是否與越南在陸地上開戰時，他的幕僚們對此問題很仰賴歷史的類比。如牛津大學的鄺雲峰所揭露的，當時慕尼黑、韓戰和在一九五四年法國的失敗，都被他們用來支持自己的論點。另一方面，麥納瑪拉、國務卿迪安．魯斯克（Dean Rusk）和國務院主管亞太事務的助理國務卿威廉．彭岱（William Bundy）等人，他們認為慕尼黑和韓國兩例支持美國增兵越南。彭岱說，我們學到的功課是「任何形式的侵略行為都應盡早行動，否則就會耽誤時機並且面對更艱難的狀況。回顧一九三〇年代，包括在滿洲、衣索比亞、萊茵蘭及捷克斯洛伐克等國家的事件，的確讓我們學到了教訓」。他們也發現如果戰爭地區接近中國國境，中國可能會出面干預，這也會讓局面變得更複雜。這點限制了美國處理越南問題的方式，這是美國面對韓國問題時所沒遇到的狀況。

當時最反對派遣軍隊的是國務次卿喬治．鮑爾（George Ball）。在一九六五年春天，他警告：即使派遣五千萬軍隊，美國「也不一定能成功」。他當時用的類比是法國與越南的戰爭，後來法國在奠邊府（Dien Bien Phu）投降而結束此戰役。鮑爾指出：「法國在這場與越南的戰爭中完全失敗了——雖然當時他們擁有二十五萬擅長戰鬥的老兵在戰場上，另外還有二十萬五千人的南越軍隊做後盾，但這一場血戰仍然持續了七年。」他也警告說，在許多越南人的眼中，美國人只是取代了法國成為另外一個占領他們的殖民勢力。就像布希總統後來喜歡將阿爾及利亞與伊拉克做比較一樣，反對鮑爾的人則喜歡強調美國與法國之間的不同。他們認為，法國當時在戰爭中已被分化了，而且他們的政治領袖軟弱又不夠堅定。但美國民眾不同，他們一般都很支持戰爭，除了少數的神職人員和學術界以外，而且政府已下定決心一定要獲得勝利。此外，多數「有知識的」越南人都知道美國人來到這裡，不是為了自己的利益，而是為了保衛南越的獨立。在這場類比的戰爭中，鮑爾失敗了。美國駐南越大使亨利．卡伯特．洛奇（Henry Cabot Lodge）的說法很有影響力：「我認為如果我們不加以干預的話，很可能會引發三次世界大戰。看看在慕尼黑時的退讓帶來什麼結果？」

不過，越戰也創造出屬於自己的類比。在這次不愉快的經驗中，人們主要可學習到兩門功課。較吸引自由派、民主派和少數軍方人士的說法是，美國一開始就不該參與當中。

艾森豪、甘迺迪和詹森讓美國進入了戰爭，卻沒有定下明確的目標，而且他們不知道美國是否能從中獲取什麼重要利益。這場戰爭使美國在世界上的地位失去了道德方面的權威，因為美國漸漸變成一個帝國主義霸權的角色，而且他們的士兵也在戰爭中犯下一些殘忍的暴行，例如在美萊村（My Lai）進行屠殺。因此，從越戰學到的重要一課就是，美國往後應該避免再度涉入這樣的衝突中。而另外一課對右翼分子來說較有吸引力，那就是如果美國準備好火力全開，轟炸北越直到他們歸順，並且在地面上設置更多武力的話，美國應該可以獲得勝利。而且當初應該嚴加管理輿論意見，以防止無知之人和失敗主義者在國內削弱美國對戰的力量。

一九九一年，當老布希政府考慮對海珊採取行動時，越南就成為勸阻美國出兵的一個例子。鮑爾將軍曾參與越戰，他也向來懂得從越戰經驗學習許多功課。如果美國想要打另一場戰爭，就該火力全開且目標明確。美國不應該再參與開放式的衝突，讓武力平白不停流失，並使國內出現反對聲浪。另一方面，慕尼黑也是另一個能支持他說法的例子。當然，因為海珊入侵科威特，所以他的確是一個侵略者，而武力干預也的確制止他繼續騷擾鄰國。伊拉克因為國力非常衰微，因此願意（雖然有點勉強）和美國軍方巡邏官合作。

當小布希政府在九一一之後將注意力放在伊拉克身上時，也使用了慕尼黑的類比，但是這兩者之間其實關聯性較低。在一九三〇年代，希特勒當時統領的是世界上最強大的國家之一。正如美國學者傑佛利．芮柯德（Jeffrey Record）所說的：「希特勒既不軟弱也不受威脅，海珊則是又軟弱又容易被威嚇。」一九九一年的沙漠風暴行動（Operation Desert Storm）幾乎還沒開始就結束了。二〇〇三年，他們也用相較之下較弱的武力，只花了三個禮拜就完全打敗海珊。然而對抗希特勒時，則聯合了英國、蘇聯和美國的武力，共花了四年才打敗他。雖然布希和布萊爾政府都想要把海珊描述成一個對世界的威脅，好讓他們可以順理成章地進攻，但就我們所知，關於海珊持有毀滅性武器的證據其實是很不足的。他們也認定海珊應該有和奧薩瑪．賓．拉登秘密聯合，但任何對歷史有點了解的人都知道，這樣的推論很是荒謬。海珊是一個世俗主義者，賓．拉登則是一個宗教狂熱分子。這兩個人之間不會有什麼連結，而且事實上，賓．拉登甚至呼籲伊拉克要推翻海珊政權。我們的確可以從歷史中學到功課，但若我們選擇性地從過往歷史拿出一些證據，並用這些證據來支持自己早就帶有的偏見，那就很容易陷入自我欺騙的陷阱。

# 結論

二〇〇一年九月十一日那天傍晚，美國作家蘇珊．賈可比（Susan Jacoby）在紐約某間酒吧裡，聽到兩個人在聊天。「這就跟珍珠港事件一樣。」其中一個人說道。「珍珠港事件是什麼？」另外一個人問道。「就是越南人在某個港口投下了炸彈，因而引發了越戰。」第一個人這樣回答道。顯然他們完全搞錯了此歷史事件，然而這到底重不重要呢？我會說這是不容小覷的事。當公民們無法了解當前發生的事，或是對過去的歷史所知甚少時，都很可能因此而輕易相信了別人說的故事，特別是那些宣稱自己對歷史知識很了解的人。就如我們經常看到的一樣，歷史經常被用來強化團體的向心力（但這樣做通常會犧牲個人的利益）、為自己錯待他人的行為做辯護，或用來支持某特定政策或舉動。若能對過去的歷史有清楚的認識，將可以幫助我們挑戰教條式的宣言和普及論。歷史能幫助我們思考得更清楚。

若酒吧裡那兩個搞不清楚狀況的男人，能確切知道更多關於珍珠港事件的資訊的話，他們就會了解到，發生在世界貿易中心的攻擊事件和日本在一九四一年攻擊美國的事件是不同的，後者是兩個國家之間的戰爭，而前者則是恐怖攻擊事件。這也暗示了其戰術和策略都會和之前有所不同。雖然很多人（包括小布希政府）都在說要對恐怖分子宣戰，但這樣的說法其實是會誤導人的。我們會對目標明確的敵人宣戰，但不會對意識形態宣戰。一般戰爭有明確的目標，就是逼迫敵人投降，但是恐怖攻擊的戰爭卻沒有明確的目標。而世界貿易中心所遭受的攻擊也和越戰完全不同。在越戰中，美國是與敵對國家展開戰爭，有北越這個明確的敵人，也有位於南方的盟國。

九一一事件之後，當美國人感到非常震驚、生氣和恐懼的時候，此時對人民和他們的領袖來說最重要的，是要能夠保持清楚的思考。首先，要找出敵人是誰？歷史在這方面能夠提供幫助，因為它除了能幫助人們了解蓋達組織及其目標之外，還能幫助人們了解這個組織對西方感到憤怒的原因為何。歷史也能提醒美國人，他們的國家過去在世界上做出了怎樣的行為，以及面對威脅的時候是如何處理的。這些是他們當初預備攻打阿富汗和伊拉克時，政府所忽略了的事。世界貿易中心攻擊事件的一年之後，保羅．施洛德（Paul Schroeder，美國最富思想的外國事務歷史學家之一）寫了一篇標題為〈九一一改變了什麼？不多，也沒有較好〉（What Has Changed Since 9/11? Not Much, and Not for the Better）的文章。在這篇文章中，他敦促美國應該要把此事放在一個較宏觀的歷史背景和全球觀點去看。是的，這攻擊事件是醜陋的，他說道。但對美國並沒有造成太長遠的影響。沒錯，恐怖分子的威脅仍然存在，但不如其他國家在過去和現在所承受的那麼嚴重。然而，布希政府卻利用九一一事件來合理化自己攻擊其他國的權利，而且沒有諮詢其他盟國或世界組織（例如聯合國）。施洛德寫道：「這個新布希政策會讓世界秩序及和平變得更難以捉摸、危險和具破壞性，是我們很難掌握也無法過分誇大的。它違反了過去五個世紀以來建立起的國際系統的兩大基石，那就是構成單位的獨立屬性、司法平等和協調狀態（現在幾乎所有國家都是如此），還有同樣重要的反向原則，就是這樣的獨立單位必須能組成和參與在聯合性的組織中，以便追求共同目標，並遵循彼此認同的規範和行為。特別是那些為了追求和平及安全的規範。」此外，因為入侵和占領伊拉克，美國正在拋棄自己過往所建構的歷史，就是過去追求與他人共同合作以維持世界秩序，以及長久以來反對帝國主義的歷史。

更糟的是，正如阿布格萊布（Abu Ghraib）監獄虐囚事件和關塔那摩灣（Guantánamo）拘押中心虐囚事件等所顯示的，這將會削弱他們自己對律法規範的尊敬之心。

因為歷史可以給予我們一些背景和例子，因此它能在我們思考關於現在的世界時給予幫助。它可以幫助我們提出疑問，因為若沒辦法提出好問題，就很難條理清楚地思考。歷史知識也能告訴我們，可能需要哪一類型的資訊來回答這些問題，而過去的經驗則可以教導我們如何評估這些資訊。當回首過往時，歷史學家傾向於利用類似法國司法系統裡地方官員檢視事情的方式來看歷史。那時發生了什麼事？又是為了什麼緣故？歷史學家們會這樣問道。歷史要求我們審慎對待證據，特別是當那些證據與我們已得出的結論產生矛盾時。證人們有說出實話嗎？如何決定某一版本的說法勝過另外一個版本呢？我們是否提出了正確的問題和最好的問題呢？此外，歷史學家們還會更進一步提出疑問，以便知道過去歷史中的某個事件、想法或態度，如何對後來造成深遠的影響，以及這些影響有多重要？這些答案的部分內容，會取決於我們現在問什麼問題，以及我們認為什麼是重要的。歷史沒辦法為所有問題提供確切的答案。它是一個過程。

歷史可以幫助我們了解這個複雜的世界，不過它也警告我們，若認為看事情的方法只有一種，或是以為只能採取某項行動，這樣的想法都是危險的。我們應該總是準備好要接受其他看法，並預備好提出反對意見。當我們的領袖堅定地提出「歷史可以教導我們許多事」或「歷史會證明我們是對的」等說法時，我們不用感到驚訝。但他們有可能會過度簡化和使用一些不甚正確的推論，就像其他任何人可能會做的一樣。即使是那些非常聰明或有權勢的人（這兩種特質不一定會出現在同一人身上）也可能自信滿滿走上錯誤的路。身為一位公民，我們應該要謹記，那些位居要職的人不一定懂得比較多。

因為歷史基本上是傾向於抱持懷疑的心態（無論是面對證據或解釋），所以歷史也認為質疑自己的領袖是種健康的態度。因為領袖們並非永遠都是正確的，事實上經常相反。一八九三年，當時英國地中海的海軍指揮官，也就是海軍中將喬治．特賴恩（George Tryon）決定要私自下達夏季海軍調動指令。當特賴恩要求兩排平行的戰艦向後轉時，他的軍官試圖指出這麼做可能會讓船艦彼此相撞。事實上，只需要簡單的計算就能發現，船隻旋轉所需的空間大於船艦之間的距離。當他的軍官們觀望時，他自己所搭乘的船艦維多利亞號（Victoria）被坎伯當號（Camperdown）撞上了。特賴恩當時仍然拒絕相信這狀況很糟糕，所以他指示附近的船隻不需要派遣救生船過來救援。後來維多利亞號沉沒了，並奪走了他自己和三百五十七位海軍人員的生命。除此之外，「輕騎兵的衝鋒」事件（The Charge of the Light Brigade，當時一群英國騎兵在錯誤指揮下衝進了蘇聯的砲兵陣地）也同樣提醒了我們人類的愚蠢。不明智的不只是帶領這次行動的卡迪根勳爵（Lord Cardigan），還包括允許他指揮行動的整個系統。正如美國記者大衛·哈伯斯坦（David Halberstam）在一篇文章中所提到的：「這是我們不停在歷史中反覆發現的故事，當一個國家的事情都非常順利時，可能正是最危險的時刻，因為他們的領袖會變得驕傲，並傾向於認為自己的行為都是正確的。」

謙卑是我們能從過去歷史中所學到最重要的教訓之一。正如著名的英國學者約翰·卡瑞（John Carey）說的：「歷史最有用的任務之一，就是誠實地告訴我們，過去人們所追求的目標現在看起來有多麼錯謬和不恰當。」例如，奴隸制度過去曾有過支持者。另外，想想看過去對於地球和太陽位置的爭議，以及對那些相信之人的定罪（雖然這些事實明明受到科學證據的支持）。還有在維多利亞時代，許多人認為人類種族有高低等的區別。而在幾十年前，人們甚至還相信女人和黑人不可能成為好的工程師或醫生。

歷史也鼓勵現在的人們反思自己。「過去就像是一個外國的世界，他們做事的方法與我們不同。」英國小說家哈特利（L. P. Hartley）曾這樣寫道。例如，若我們能去了解傳統中國文化認為學者的地位高於軍官，或羅馬人的家庭組成分子和現代西方的核心家庭很不一樣，這些都可以讓我們更加了解其他社會有他們自己的價值觀和組成方式。然而這並不是說，所有的價值觀都有好壞的區別。我們應該常常檢視自己持有的價值觀，而不該單純認為自己的觀點絕對最好。英國歷史學家約翰．阿諾德（John Arnold）優雅地敘述：「研讀歷史就像去造訪一個陌生的國家，他們做的事有些和我們相同，有些則不一樣。但總而言之，他們可幫助我們更了解自己所謂的『家』究竟是什麼面貌。」

如果研讀歷史能夠幫助我們學習謙卑、存疑和反思自己，那麼歷史就算得上是一門有用的科目。我們必須持續檢視自己和他人的結論，並提出問題。例如，證據在哪裡？有任何解釋嗎？當我們以歷史之名做出任何宣稱，或聽到別人說自己發現了某某過去真相時，都必須謹慎看待。最後，我唯一的建議就是，我們可以使用歷史，也可以享受歷史，但總是要謹慎處理之。

# 謝辭

寫作本書的緣由是，我接受了西安大略大學（University of Western Ontario）歷史系的邀請，在二〇〇七年秋天時為喬安・古德曼歷史課程（Joanne Goodman lectures）做演講。這系列的課程講座（是為了紀念一位意外死於車禍的歷史系學生）是從一九六六年開始的，並邀請過許多很棒的講者。我很榮幸能夠受邀其列，而這也是能夠發表我自己所選主題的好機會。我很感謝西安大略大學的教職員和學生們前來聆聽我的演講，而透過他們的提問和評論，也幫助我能重新審視自己的想法。

我很幸運從強納生・偉爾（Jonathan Weier）那裡找到一位優秀的研究助理，他後來幾乎可說成為了我的合作夥伴。如同往常一樣，我也很感激那些願意和我一起討論，及願意耐心花時間閱讀我草稿的朋友和家人。他們是一串很長的名單，不過我要特別提到我的兄弟湯姆（Tom）和大衛（David），我的姊姊安（Ann）和姊夫彼得·史諾（Peter Snow），我的外甥丹（Dan）和艾力克斯（Alex），還有我的經紀人卡洛琳·道奈（Caroline Dawnay）和她的加拿大夥伴麥可·拉維（Michael Levine）。我的母親伊蓮娜德（Eluned）如同往常一樣，是完美的批評者與校對者。巴博·包斯威爾（Bob Bothwell）在過去幾年來教導我許多關於歷史的事情，讓我幾乎不知該如何感謝他。此外，他還願意耐心閱讀我的原稿並給予建議。我在牛津大學也受到了很多幫助，並且有機會能和許多對如何使用歷史有興趣的新同事談話。還要特別感謝安·道爾頓（Anne Deighton）、羅絲瑪麗·富德（Rosemary Foot）、鄺雲峰（Yuen Foong Khong）、卡利普索·尼可拉迪斯（Kalypso Nicholadis）和艾比·莎朗姆（Avi Shlaim），以及聖安東尼（St Antony）的學生們。他們耐心聽我講話，並給我許多珍貴的資訊。最後（但並非不重要）要感謝檔案出版社（Profile Books Ltd）的安德魯·富蘭克林（Andrew Franklin）和露絲·克利克（Ruth Killick）讓這本書能順利出版，謝謝你們。

# 參考書目


Abu El-Haj, Nadia. *Facts on the Ground: Archaeological Practice and the Territorial Self-Fashioning in Israeli Society.* University of Chicago: Chicago, 2002.

Appleby, R. Scott. 'History in the Fundamentalist Imagination'. *Journal of American History* 89:2, 2002.

Arnold, John H. *History: A Very Short Introduction* Oxford: Oxford University Press, 2000

Bacevich, Andrew J. The Real World War IV. *The Wilson Quarterly* 29:1, winter 2005. Bell, Duncan, ed. *Memory Trauma and World Politics: Reflections on the Relationship between Past and Present.* Palgrave Macmillan: Basingstoke, 2006.

Black, Jeremy. *The Curse of History* London: the Social Affairs Unit, 2008

Brundage, W, Fitzhugh. *The Southern Past.* Cambridge, Mass: Harvard University Press, 2005

Cannadine, David, ed. *What Is History Now?* Palgrave Macmillan: Basingstoke, 2002. Can, E.H.. *What Is History?* Macmillan: London, 1961.

Collingwood, R.G. *The Idea of History,* rev. ed. Oxford University Press: Oxford, 1994. Delisle, Esther. *Myths, Memories and Lies: Quebec's Intelligentsia and the Fascist Temptation,* 1939-1960. Robert Davies: Westmount, QC, 1998.

Evans, Richard. *In Defence of History.* Granta: London, 2000.

Fischer, David Hackett. *Historians' Fallacies: Toward a Logic of Historical Thought.* Harper and Row: New York, 1970.

Gardner, Lloyd C., and Marilyn B. Young. *Iraq and the Lessons of Vietnam or, How Not to Learn from the* Past. New Press: New York, 2007.

Gillis, John R., ed. *Commemorations: The Politics of National Identity.* Princeton University Press: Princeton, NJ, 1994.

Greary, Patrick *J. The Myth of Nations: The Medieval Origins of Europe.* Princeton University Press: Princeton, NJ, 2002.

Halberstam, David. The History Boys. *Vanity Fair,* August 2007.

*History & Memory* (journal).

Hobsbawm, Eric, and Terence Ranger. *The Invention of Tradition.* Cambridge University Press: Cambridge, 1983.

Howard, Michael. *Captain Professor: The Memoirs of Sir Michael Howard.* Continuum: London, 2006.

——. 'The Use and Abuse of Military History', *RUSI Journal,* 107, February 1962.

Judah, Tim. *The Serbs: History, Myth and the Destruction of Yugoslavia.Yale* University Press: New Haven, CN, 1997.

Karlsson, Klas-Goran, and Ulf Zander, eds. *Echoes of the Holocaust: Historical Cultures in Contemporary Europe.* Nordic Academic Press: Lund, Sweden, 2003.

Khong, Yuen Foong. *Analogies at War: Korea, Munich, Dien Bien Phu, and the Vietnam Decision of 1965.* Princeton University Press: Princeton, NJ, 1992.

Lebow, Richard Ned, Wulf Kansteiner, Claudia Fogu, eds. *The Politics of Memory in Postwar Europe.* Duke University Press: Durham, NC, 2006.

Lowenthal, David. *The Heritage Crusade and the Spoils of History.* Cambridge University Press: Cambridge, UK, 1998.

May, Ernest R. *Lessons' of the Past: The Use and Misuse of History in American Foreign Policy.* Oxford University Press: New York, 1973.

Murray, Williamson, and Richard Hart Sinnreich. *The Past as Prologue: The Importance of History to the Military Profession.* Cambridge University Press: Cambridge, 2006. Neustadt, Richard E., and Ernest R. May. *Thinking in Time: The Uses of History for Decision Makers.* Free Press: New York and London, 1986.

Nobles, Melisssa. *The Politics of Official Apologies.* New York: Cambridge University Press, 2008

Novick, Peter. *The Holocaust in American Life.* Houghton-Mifflin: Boston and New York, 2000.

Pappe, Ilan. *The Ethnic Cleansing of Palestine.* One World: London, 2006.

Record, Jeffrey. The Use and Abuse of History: Munich, Vietnam and Iraq. *Survival* 49:1, spring 2007.

Yoshida, Takashi. *The Making of the "Rape of Nanking": History and Memory in Japan, China and the United States.* Oxford University Press: Oxford and New York, 2006. Winter, Jay. *Remembering War: The Great War between Memory and History in the Twentieth Century.* Yale University Press: New Haven, 2006.

Winter, Jay, and Antoine Prost. *The Great War in History: Debates and Controversies, 1914 to the Present.* Cambridge University Press: Cambridge, 2005.

國家圖書館出版品預行編目資料

歷史的運用與濫用／瑪格蕾特．麥克米蘭（Margaret MacMillan）著；鄭佩嵐譯. -- 初版. -- 臺北市：麥田, 城邦文化出版：家庭傳媒城邦分公司發行, 民107.11
面；　公分. -- (Courant ; 2)
譯自：The uses and abuses of history
ISBN 978-986-344-598-2（平裝）
1. 歷史哲學　2. 史學史
601.4　　107017180



Courant 2

# 歷史的運用與濫用

## 你讀的是真相還是假象？八堂移除理解偏誤的史學課

*The Uses and Abuses of History*

作　　者／瑪格蕾特．麥克米蘭（Margaret MacMillan）
譯　　者／鄭佩嵐
責任編輯／江灝
主　　編／林怡君
選　　書／楊照
校　　對／吳美滿

國際版權／吳玲緯　蔡傳宜
行　　銷／艾青荷　蘇莞婷
業　　務／李再星　陳紫晴　陳美燕　馮逸華
編輯總監／劉麗真
總 經 理／陳逸瑛
發 行 人／涂玉雲
出　　版／麥田出版
10483臺北市民生東路二段141號5樓
電話：(886)2-2500-7696　傳真：(886)2-2500-1967
發　　行／英屬蓋曼群島商家庭傳媒股份有限公司城邦分公司
10483臺北市民生東路二段141號11樓
客服服務專線：(886) 2-2500-7718、2500-7719
24小時傳真服務：(886) 2-2500-1990、2500-1991
服務時間：週一至週五09:30-12:00．13:30-17:00
郵撥帳號：19863813　戶名：書虫股份有限公司
讀者服務信箱E-mail：service@readingclub.com.tw
麥田網址／https://www.facebook.com/RyeField.Cite/
香港發行所／城邦（香港）出版集團有限公司
香港灣仔駱克道193號東超商業中心1樓
電話：(852)2508-6231　傳真：(852)2578-9337
E-mail：hkcite@biznetvigator.com
馬新發行所／城邦（馬新）出版集團【Cite(M) Sdn. Bhd. (458372U)】
41, Jalan Radin Anum, Bandar Baru Sri Petaling, 57000 Kuala Lumpur, Malaysia.
電話：(603)9057-8822　傳真：(603)9057-6622
電郵：cite@cite.com.my

封面設計／兒日設計
印　　刷／前進彩藝有限公司

■2018年11月　初版一刷　　Printed in Taiwan.

定價：350元

ISBN 978-986-344-598-2

cite 城邦媒體 麥田出版

Rye Field Publications
A division of Cité Publishing Ltd.

| | |
|---|---|
| 廣　告　回　函 | |
| 北區郵政管理局登記證 | |
| 台北廣字第000791號 | |
| 免　貼　郵　票 | |

英屬蓋曼群島商
家庭傳媒股份有限公司城邦分公司
104 台北市民生東路二段141號5樓

▼

請沿虛線折下裝訂，謝謝！

# 讀者回函卡



※為提供訂購、行銷、客戶管理或其他合於營業登記項目或章程所定業務需要之目的，家庭傳媒集團（即英屬蓋曼群島商家庭傳媒股份有限公司城邦分公司、城邦文化事業股份有限公司、書虫股份有限公司、墨刻出版股份有限公司、城邦原創股份有限公司），於本集團之營運期間及地區內，將以e-mail、傳真、電話、簡訊、郵寄或其他公告方式利用您提供之資料（資料類別：C001、C002、C003、C011等）。利用對象除本集團外，亦可能包括相關服務的協力機構。如您有依個資法第三條或其他需服務之處，得致電本公司客服中心電話請求協助。相關資料如為非必填項目，不提供亦不影響您的權益。

☐ 請勾選：本人已詳閱上述注意事項，並同意麥田出版使用所填資料於限定用途。

姓名：＿＿＿＿＿＿＿＿ 聯絡電話：＿＿＿＿＿＿＿＿

聯絡地址：☐☐☐☐☐＿＿＿＿＿＿＿＿

電子信箱：＿＿＿＿＿＿＿＿

身分證字號：＿＿＿＿＿＿＿＿（此即您的讀者編號）

生日：＿＿年＿＿月＿＿日 性別：☐男 ☐女 ☐其他＿＿＿＿

職業：☐軍警 ☐公教 ☐學生 ☐傳播業 ☐製造業 ☐金融業 ☐資訊業 ☐銷售業

☐其他＿＿＿＿＿＿＿＿

教育程度：☐碩士及以上 ☐大學 ☐專科 ☐高中 ☐國中及以下

購買方式：☐書店 ☐郵購 ☐其他＿＿＿＿＿＿＿＿

喜歡閱讀的種類：（可複選）

☐文學 ☐商業 ☐軍事 ☐歷史 ☐旅遊 ☐藝術 ☐科學 ☐推理 ☐傳記 ☐生活、勵志

☐教育、心理 ☐其他＿＿＿＿＿＿＿＿

您從何處得知本書的消息？（可複選）

☐書店 ☐報章雜誌 ☐網路 ☐廣播 ☐電視 ☐書訊 ☐親友 ☐其他＿＿＿＿

本書優點：（可複選）

☐內容符合期待 ☐文筆流暢 ☐具實用性 ☐版面、圖片、字體安排適當

☐其他＿＿＿＿＿＿＿＿

本書缺點：（可複選）

☐內容不符合期待 ☐文筆欠佳 ☐內容保守 ☐版面、圖片、字體安排不易閱讀 ☐價格偏高

☐其他＿＿＿＿＿＿＿＿

您對我們的建議：＿＿＿＿＿＿＿＿

＿＿＿＿＿＿＿＿＿＿＿＿＿＿＿＿